# Transmettre une fidélité

## La Contre-Révolution et les usages du passé (France, Espagne, Italie – XIX^e^-XX^e^ siècles)

PETER LANG
Bruxelles • Bern • Berlin • New York • Oxford • Wien

## Collection « Pour une histoire nouvelle de l'Europe »

## Vol. 7

Cette collection est destinee a rassembler une partie des travaux de recherche du LabEx (laboratoire d'excellence) EHNE, *Écrire une histoire nouvelle de l'Europe,* cree en 2012. Renoncant a une approche dominee par les dimensions politique et institutionnelle, EHNE apprehende l'histoire selon une demarche thematique recouvrant une large palette de champs qu'elle saisit dans leurs evolutions autonomes. Elle revet une dimension globale en ce qu'elle cherche a comprendre les transversalites et les modes d'interaction existant entre ces champs en vue d'une interpretation d'ensemble. Les travaux du LabEx EHNE s'articulent ainsi autour de sept axes : « l'Europe comme produit de la civilisation materielle », « l'Europe dans une epistemologie du politique », « l'humanisme europeen », « l'Europe, les Europeens et le monde », « l'Europe des guerres et des traces de guerre », « une histoire genree de l'Europe », « Traditions nationales, circulations et identites dans l'art europeen ». La collection « Pour une histoire nouvelle de l'Europe » reunit les travaux, monographies, colloques ou tables-rondes, issus des travaux d'EHNE. Ces derniers se veulent des contributions et syntheses partielles constitutives d'une entreprise d'ensemble se developpant sur plusieurs annees.

*Collection dirigée par le Laboratoire d'excellence*
*« Écrire une histoire nouvelle de l'Europe »*
**Olivier Dard**

Paul Chopelin et Bruno Dumons (dir.)

# Transmettre une fidélité

## La Contre-Révolution et les usages du passé (France, Espagne, Italie – XIXe-XX[e] siècles)

Pour une histoire nouvelle de l'Europe, Vol. 7

**Bibliographic information published by "Die Deutsche Nationalbibliothek".**
"Die Deutsche National Bibliothek" lists this publication in the "Deutsche Nationalbibliografie";detailed bibliographic data is available on the Internet at <http://dnb.de>.

Ouvrage publié avec le soutien de l'université Jean Moulin Lyon 3, du LARHRA (UMR 5190) et du Labex EHNE.

Illustration de couverture :
Bibliothèque historique légitimiste, avec buste du comte de Chambord en plâtre patiné (anonyme, vers 1875). Coll. part.

ISSN 2466-8893 • ISBN 978-2-8076-1062-0 (Print)
E-ISBN 978-2-8076-1063-7 (ePDF) • E-ISBN 978-2-8076-1064-4 (EPUB)
E-ISBN 978-2-8076-1065-1 (MOBI) • DOI 10.3726/b15291
D/2019/5678/07

Cette publication a fait l'objet d'une évaluation par les pairs.


Éditions scientifiques internationales
Brussels, 2019
1 avenue Maurice, B-1050 Bruxelles, Belgique



**www.peterlang.com**

# Table des matières

## Troisième partie

## Collectionner la Contre-Révolution

# Introduction

Paul Chopelin et Bruno Dumons

Opposants aux régimes politiques nés de la révolution, les contre-révolutionnaires entendent promouvoir la restauration de l'ordre ancien dont la légitimité est fondée sur la fidélité à une tradition politique – dynastique et/ou hiérarchique –, nécessaire à la cohésion de la société[1]. Le discours contre-révolutionnaire est par essence fondé sur l'histoire et la maîtrise du passé. Maîtriser le passé permet en effet de prendre la mesure de l'erreur historique que constituerait la révolution. Les révolutions françaises de 1789 et de 1792 ont ainsi immédiatement fait l'objet de discours interprétatifs fondés sur l'histoire, dans une perspective providentialiste qui lie étroitement la Contre-Révolution politique à la Contre-Révolution religieuse, en tant que refus de la sécularisation des sociétés occidentales[2]. Ce lien est, par la suite, devenu opérant dans toutes les traditions contre-révolutionnaires occidentales, nourries d'un substrat chrétien fournissant un cadre interprétatif global à toutes les théories antimodernes. La notion de fidélité, à Dieu et au monarque déchu, qui renvoie à un engagement loyal et indéfectible, apparaît ainsi au cœur de la pensée contre-révolutionnaire.

Les contre-révolutionnaires se sont donc tout autant intéressés à démonter les mécanismes historiques de la « subversion révolutionnaire »

---

1 Nous nous rangeons à la définition de Contre-Révolution proposée par Jean-Clément Martin, en introduction de son *Dictionnaire de la Contre-Révolution (XVIIIe-XXe siècle)*, Paris, Perrin, 2011, p. 7-28.

2 Gérard Gengembre, *La Contre-Révolution ou l'histoire désespérante. Histoire des idées politiques*, Paris, Imago, 1989 ; Carolina Armenteros, *The French Idea of History. Joseph de Maistre and his Heirs (1794-1854)*, Ithaca-Londres, Cornell University Press, 2011 ; Jean-Luc Chappey, « Les anti-Lumières et les oppositions intellectuelles à la Révolution », dans Jean-Clément Martin (dir.), *La Révolution à l'œuvre. Perspectives actuelles dans l'histoire de la Révolution française*, Rennes, Presses universitaires de Rennes [désormais PUR], 2005, p. 165-180 et, du même auteur, « Naissance de l'historiographie contre-révolutionnaire », dans Jean-Clément Martin (dir.), *Dictionnaire de la Contre-Révolution*, *op. cit.*, p. 291-297.

qu'à faire l'apologie des combattants de la « juste cause », afin de proposer des modèles d'engagement issus du passé et ancrer l'activisme politique dans une généalogie militante. Si la tradition historiographique contre-révolutionnaire, en tant que système de pensée et d'écriture, a fait l'objet de plusieurs travaux académiques ces vingt dernières années, l'illustration historique de ces combats est pour sa part bien moins connue. Les épopées historiques contre-révolutionnaires ont surtout été abordées dans leur cadre polémique, à travers les conflits mémoriels qui opposaient héritiers et détracteurs de la révolution. C'est ainsi que, pour le cas français, on connaît relativement bien, maintenant, les affrontements idéologiques entre historiens « bleus » et « blancs », autour de figures telles que Jeanne d'Arc ou les combattants des guerres de Vendée[3]. Néanmoins, l'itinéraire personnel des acteurs de ces querelles mémorielles – responsables politiques, historiens et commémorateurs en tout genre – a été rarement reconstitué et, mis à part quelques grandes figures, l'on sait finalement assez peu de choses de leur environnement social individuel. Hormis pour le cas espagnol, plutôt bien documenté, le déficit de travaux sur les cultures politiques contre-révolutionnaires en Europe explique que l'approche biographique ou prosopographique soit négligée[4]. Significativement, les contre-commémorations royalistes du centenaire de la Révolution en France et leurs acteurs n'ont jamais été étudiés en tant que tels, alors que ces manifestations constituent une clé de compréhension indispensable de l'histoire politique de la période[5].

---

3 Sur Jeanne d'Arc : Philippe Contamine, « Jeanne d'Arc dans la mémoire des droites », dans Jean-François Sirinelli (dir.), *Histoire des droites en France. 2. Cultures*, Paris, Gallimard, 1992, p. 399-435 ; Gerd Krumeich, *Jeanne d'Arc à travers l'histoire*, Paris, Albin Michel, 1993 ; Daniel Couty et Jean Maurice (dir.), *Images de Jeanne d'Arc*, Paris, Presses universitaires de France [désormais PUF], 2000. Sur les guerres de Vendée : Jean-Clément Martin, *La Vendée de la mémoire (1800-1980)*, Paris, Seuil, 1989 et, du même auteur, « La Vendée dans la mémoire des droites », dans Jean-François Sirinelli (dir.), *Histoire des droites en France*, *op. cit.*, t. 2, p. 437-469.

4 Pour l'historiographie et la bibliographie, nous renvoyons à quelques récentes synthèses : Jordi Canal, *El carlismo. Dos siglos de contrarrevolución en España*, Madrid, Alianza Editorial, 2000 ; Pedro Rújula, « Du royalisme au légitimisme. La contre-révolution en Espagne (1793-1840) », dans Yves-Marie Bercé (dir.), *Les autres Vendées. Les contre-révolutions paysannes au XIX^e siècle*, La Roche-sur-Yon, Éditions du CRVH, p. 107-121 ; Jean-Philippe Luis, « La construcción inacabada de una cultura política realista », dans Miguel Angel Cabrera et Juan Pro (dir.), *La creación de las culturas politicás modernas (1808-1833)*, Madrid-Saragosse, Marcial Pons Historia-Prensas de la Universidad de Zaragoza, 2014, p. 321-414.

5 Seules les contre-commémorations catholiques ont été quelque peu étudiées : Pierre Colin (dir.), *Les catholiques français et l'héritage de 1789 (1889-1989)*,

Les ralliements à la République ont finalement davantage intéressé que le maintien des fidélités dynastiques, orléanistes ou légitimistes[6].

À la fin des années 2000, avec le développement de l'histoire transnationale et de l'histoire globale, l'histoire des mouvements contre-révolutionnaires européens commence à sortir de son purgatoire académique[7]. L'engagement politique royaliste, grand impensé de l'historiographie classique de la Contre-Révolution qui examinait surtout les causalités sociales, économiques et, parfois, religieuses des résistances à la Révolution, commence à émerger comme un objet d'étude à part entière[8]. Plusieurs travaux récents sur la Contre-Révolution placent ainsi la notion de fidélité dynastique au cœur de leur réflexion[9]. En 2008-2009, un colloque consacré aux cultures politiques « blanches », organisé

---

Paris, Beauchesne, 1989 ; Bernard PLONGERON (dir.), *Catholiques entre monarchie et république. Mgr Freppel et son temps (1792-1892-1992)*, Paris, Letouzey & Ané, 1995 ; Nicolas CHAMP, « Un pèlerinage contre révolutionnaire ? Le culte aux prêtres déportés sur le littoral charentais (1860-1930) », dans Luc CHANTRE *et al.* (dir.), *Politiques du pèlerinage du* XVII^e^ *siècle à nos jours*, Rennes, PUR, 2014, p. 257-269.

6 Stéphane RIALS, *Le légitimisme*, Paris, PUF, coll. Que sais-je ?, 1983, p. 114-121. Voir également la mise au point historiographique d'Alexandre DUPONT, « Le légitimisme, parent pauvre de l'historiographie ? », *Revue historique*, n° 672, 2014, p. 889-911.

7 Point sur l'historiographie classique de la Contre-Révolution et sur les perspectives de la recherche au début des années 2000, dans Karine RANCE, « La Contre-Révolution à l'œuvre en Europe », dans Jean-Clément MARTIN (dir.), *La Révolution à l'œuvre*, *op. cit.*, p. 181-192.

8 Jusqu'ici, l'engagement royaliste était principalement étudié, pour le cas de la Révolution française, à travers la presse : Hélène MASPERO-CLERC, *Un journaliste contre-révolutionnaire. Jean-Gabriel Peltier (1760-1825)*, Paris, Société des études robespierristes, 1973 ; Jeremy POPKIN, *The Right Wing Press in France (1792-1800)*, Chapel-Hill, University of North-Carolina Press, 1980 ; Jean-Paul BERTAUD, *Les amis du roi. Journaux et journalistes royalistes en France de 1789 à 1792*, Paris, Perrin, 1984 ; Laurence COUDART, *La Gazette de Paris. Un journal royaliste pendant la Révolution française (1789-1792)*, Paris, L'Harmattan, 1995.

9 Signalons, parmi les thèses récentes : Hélène BECQUET, *Marie-Thérèse de France. L'orpheline du Temple*, Paris, Perrin, 2012 ; Simon SARLIN, *Le légitimisme en armes. Histoire d'une mobilisation internationale contre l'unité italienne*, Rome, École française de Rome, 2013 ; Alexandre DUPONT, *Une internationale blanche. Les légitimistes français au secours des carlistes (1868-1883)*, thèse de doctorat en histoire (dir. P. Rujula et P. Boutry), Université de Saragosse-Paris I, 2015 ; Marcela ECHEVERRI, *Indian and Slave Royalistes in the Age of Revolution. Reforme, Revolution and Royalisme in the Northern Andes (1780-1825)*, New York, Cambridge University Press, 2016. La réflexion sur les fidélités dynastiques s'appuie désormais sur un ouvrage de synthèse sur les différentes manifestations du pouvoir dynastique à l'échelle mondiale : Jeroen DUINDAM, *Dynasties. A global history of power (1300-1800)*, Cambridge, Cambridge University Press, 2016.

à Lyon et à Rome, insistait sur l'importance des lieux de mémoire dans la mobilisation, nationale et internationale, des contre-révolutionnaires européens au XIXe siècle. Si les pèlerinages dans les nécropoles et les chapelles commémoratives s'accompagnaient d'un éloge historique du dévouement des « martyrs de la fidélité », il fallait aussi compter avec les biographies édifiantes comme celles répandues par les légitimistes français soucieux de mettre en valeur les vertus des princes de la branche aînée des Bourbons[10]. Le récit des sacrifices passés permet de ressouder les rangs et d'affronter l'adversaire avec détermination. Mais le succès n'est pas toujours au rendez-vous. L'exemple des martyrologes princiers, élaborés et diffusés depuis le Moyen Âge par les partisans des souverains déchus puis suppliciés, démontre qu'une entreprise de réhabilitation historique peut s'avérer démobilisatrice sur le long terme. L'écriture d'une histoire providentialiste, fondée sur la vocation sacrificielle du monarque et la nécessaire expiation de ses sujets, se heurte en effet à l'émergence de modèles « martyrologiques » concurrents, fondés sur l'idée de progrès, dans une perspective largement sécularisée. Le XIXe siècle opère un changement radical en la matière, en marginalisant les commémorations des princes martyrs, y compris au sein même du camp contre-révolutionnaire[11]. D'autres modèles de dévouement sont promus tandis que la science historique, alors en pleine définition disciplinaire, est mise au service d'un discours de « vérité » politique contre « l'erreur » révolutionnaire. C'est l'ambition de ce volume que de proposer de nouvelles pistes de recherche sur les usages contre-révolutionnaires du passé, sous l'angle de la transmission généalogique d'une fidélité politique.

La fidélité à une dynastie ou à un combat politique trouve toujours son illustration dans l'exaltation d'un passé glorieux et la construction d'un panthéon héroïque, lui-même parfois doublé d'un martyrologe. Écrire ou revivre le passé – dans ce dernier cas en tant que lecteur ou spectateur – permet de reconstituer les linéaments d'une résistance conservatrice au changement politique révolutionnaire, afin de mieux y inscrire son propre itinéraire. Si ce phénomène est courant en politique, il s'agit ici

---

10 Bruno Dumons et Hilaire Multon (dir.), *« Blancs » et contre-révolutionnaires. Espaces, réseaux, cultures et mémoires (fin XVIIIe-début XXe siècles). France, Italie, Espagne, Portugal*, Rome, École Française de Rome, 2011, notamment les articles d'Hélène Becquet, de Bernard Hours et de Massimo Cattaneo.

11 Paul Chopelin et Sylvène Édouard (dir.), *Le sang des princes. Cultes et mémoires des souverains suppliciés (XVIe-XXIe siècle)*, Rennes, PUR, 2014, notamment la conclusion, p. 309-314.

d'en déterminer les spécificités éventuelles dans les milieux « blancs », principalement dans ses dimensions sociales, en soulignant l'importance de la noblesse bien sûr, mais sans oublier d'autres acteurs, comme les hommes de lois ou les ecclésiastiques, impliqués dans la vie savante locale et nationale. Tout autant qu'aux doctrines véhiculées par ces hommes et ces femmes, une grande attention a été portée aux pratiques d'écritures et aux supports de diffusion de ces représentations.

Cet ouvrage se propose donc de réunir les contributions de deux rencontres qui se sont tenues à Lyon. La première, en novembre 2015, a été consacrée à la fabrique contre-révolutionnaire du passé comme outil de transmission d'une « fidélité en politique ». La fidélité contre-révolutionnaire se manifeste en premier lieu comme une fidélité dynastique, consistant à respecter la primauté politique de règles successorales traditionnelles, désignant le seul et authentique détenteur du pouvoir souverain. C'est la position des légitimistes français et napolitains, ainsi que celle des carlistes espagnols[12]. À cette fidélité dynastique peut s'adjoindre une fidélité religieuse, beaucoup plus mouvante, dans la mesure où les intérêts de l'Église ne coïncident pas toujours avec ceux de la légitimité princière. Néanmoins, au XIX$^{e}$ siècle, le providentialisme est l'un des moteurs principaux, si ce n'est le principal, de cette fidélité dynastique, érigée en véritable devoir religieux de résistance à « l'esprit révolutionnaire ».

En second lieu, et de façon complémentaire, la fidélité politique contre-révolutionnaire peut apparaître comme l'expression de l'honneur d'une famille ou d'un clan. Défendre la cause d'un souverain est une façon d'honorer une dette, réelle ou symbolique, contractée par la famille auprès de ce souverain, à l'instar des Barraute, personnellement attachés à Don Carlos, le « Charles VII » des carlistes, étudiés ici par Alexandre Dupont[13]. Dans certains cas, la fidélité à l'engagement

---

12 Même si, comme l'a souligné l'historien Jordi Canal, la fidélité dynastique n'est qu'un facteur de mobilisation parmi d'autres chez les carlistes : « La longue survivance du Carlisme en Espagne : proposition pour une interprétation », dans Jean-Clément Martin (dir.), *La Contre-Révolution en Europe (XVIII$^{e}$-XIX$^{e}$ siècles). Réalités politiques et sociales, résonances culturelles et idéologiques*, Rennes, PUR, 2001, p. 291-301 ; « Les paysans et la contre-révolution : réflexions à partir du cas espagnol », dans Yves-Marie Bercé, *Les autres Vendées, op. cit.*, p. 123-136.

13 Nous renvoyons également à la thèse, inédite, de Thibaut Trétout, qui analyse le système de récompense des fidélités au sein de la Cour de France sous la Restauration : *Société curiale et monarchie restaurée en France (1814-1830). La « nation des courtisans »*, thèse de doctorat en histoire (dir. C. Charle), Paris I, 2016.

contre-révolutionnaire peut être l'expression, déguisée ou non, d'un lien interpersonnel de type clientélaire : on peut être fidèle à une cause dynastique, par reconnaissance à l'égard d'une famille protectrice, elle-même fidèle à celui ou celle qu'elle considère comme son suzerain légitime. Les familles nobles constituent bien sûr le réceptacle privilégié de cette culture de la fidélité, associée à une fonction traditionnelle de service du prince. Mais, comme le montre l'exemple de l'avocat nantais Edmond Biré, évoqué dans le présent volume, cette fidélité peut aussi se manifester dans d'autres environnements sociaux, car l'engagement politique d'un ancêtre peut être perpétué au fil des générations, au nom de l'honneur familial et du respect filial[14].

La transmission d'une fidélité s'effectue de façon privilégiée par le biais de récits historiques, qui circulent dans les familles et dans les divers cadres institutionnels de la sociabilité contre-révolutionnaire régionale, nationale et internationale sur un long XIXe siècle. Nicolas Bourguinat, Simon Sarlin, Alexandre Dupont et nous-mêmes, proposons ici des exemples pour illustrer les outils qui ont contribué à entretenir la mémoire et la fidélité contre-révolutionnaires. Les voyages et les récits historiographiques ont largement servi cette cause, tout comme les « monuments de papier » qu'ont été les généalogies, les armoriaux et les histoires familiales. Olivier Dard, quant à lui, rappelle combien l'Action Française s'est justement écartée de cette « fidélité contre-révolutionnaire » pour penser autrement le « nationalisme intégral » et concevoir un nouveau royalisme adapté à la nation. Trop romantique, trop attachée aux querelles dynastiques au sein de la Maison de France, la notion de fidélité n'a plus sa place dans l'outillage conceptuel maurassien, autrement que sous la forme de la fidélité aux idées du « maître »[15].

La seconde rencontre, en novembre 2016, s'est attachée à la collecte de souvenirs et de reliques qui circulent dans les familles et qui se transmettent entre générations. Un semblable processus s'est déployé avec les objets et les écrits de la Révolution française. Gilles Bertrand et Pierre Serna considèrent même la possibilité de relire de façon originale la Révolution avec l'outil de la collection[16]. Depuis deux siècles, il y a eu

---

14 Voir l'exemple des Daudet, évoqué par Stéphane GIOCANTI, *C'était les Daudet*, Paris, Flammarion, 2013.

15 Voir notamment la préface d'Olivier Dard à Paul SÉRANT, *Les dissidents de l'Action française*, Paris, Pierre-Guillaume de Roux, 2016, p. 9-33.

16 Gilles BERTRAND et Pierre SERNA, « La Révolution française et ses collections », dans Gilles BERTRAND, Michel BIARD, Alain CHEVALIER, Martial POIRSON et

des moments plus ou moins fastes durant lesquels s'est déployé l'art de la collection révolutionnaire. Celle-ci s'apparente, selon eux, à une sorte de bric-à-brac qui résulte souvent des multiples modes d'acquisition, qu'il s'agisse d'achats, de dons, d'héritages, de vols parfois. On y trouve des miniatures et des estampes. On y manipule des objets, des faïences, des vêtements, des armes. Le monde de la collection est divers, varié, presque impossible à classer. Il fait sens pour celui qui le réalise, pour son entourage et son réseau de connaissances. Il s'apparente souvent à un combat de longue haleine, à la préservation d'une mémoire et d'une culture politique. Il mérite donc toute l'attention des historiens et des conservateurs. Si ceux-ci ont habituellement recours aux fonds publics conservés dans les archives, les musées et les bibliothèques, ils s'intéressent de plus en plus à la geste des collectionneurs privés. Celle-ci rassemble une foule d'acteurs, du simple amateur éclairé au bibliophile érudit, et s'avère d'un accès complexe pour l'historien. Elle intéresse souvent les milieux de la bonne société mais pas seulement. Elle est sujette à acquisition, transmission et dispersion. Ce qui est vrai pour les objets de la Révolution l'est aussi pour ceux de la Contre-Révolution.

En effet, pour les contre-révolutionnaires et ceux que l'on qualifie politiquement de « blancs », l'acte de collectionner implique le désir de transmettre un souvenir et un héritage en politique. Il résulte le plus souvent d'un engagement militant, allant du musée privé à la simple conservation d'objets intimes ou utilitaires, qu'il s'agisse de broches à la fleur de lys, de vaisselles à l'effigie royale ou d'images de Louis XVI et de Marie-Antoinette. Aussi futiles soient-elles, ces pièces de collection ont été faites et refaites à la fin du XIXe siècle, souvent pour un public d'ascendance noble ou bourgeoise, en quête d'une transmission politique et culturelle d'un passé rêvé et d'un monde perdu. Cependant, il ne faudrait pas oublier les milieux populaires et paysans qui sont restés attachés sentimentalement à une figure royale au point d'avoir conservé de manière précieuse et discrète un couvert aux armes royales, une simple assiette à la fleur de lys, une image pieuse du prétendant Henri V. Ce dernier a d'ailleurs été l'objet d'un véritable culte avant et après 1883. D'innombrables photographies ont circulé, des pièces en tout genre ont été fabriquées. Ce sont plus de 300 médailles différentes qui ont été gravées à son effigie. À la veille de la Grande Guerre, un collectionneur

---

Pierre Serna (dir.), *Collectionner la Révolution française*, Paris, Société des Études Robespierristes, 2016, p. 295-303.

nîmois, Henri Bauquier, a d'ailleurs entrepris leur recensement[17]. Ce dernier n'est pas un monarchiste militant mais un journaliste, érudit local, fondateur du musée du Vieux Nîmes et adjoint au maire dans la municipalité Josias Paut après 1919. Il achève en 1941 son enquête numismatique et publie l'année suivante une histoire iconographique du comte de Chambord[18]. Sa collection est l'une des plus abouties sur le dernier prince héritier légitime.

De manière plus institutionnelle encore, des musées officiels ont récemment présenté des collections d'objets lui ayant appartenu. En 2013, Luc Forlivesi, conservateur du domaine national de Chambord, était le commissaire d'une riche exposition de 250 œuvres iconographiques et d'objets représentant le prétendant à la couronne de France, de sa naissance « miraculeuse » à sa mort en exil, sur des supports aussi divers qu'insolites : lithographies, bijoux, boîtes, pendules, vaisselle, objets de dévotion ou encore sculptures en tout genre et de tout format[19]. D'autres institutions comme le musée des Arts décoratifs de Bordeaux ont également conservé des collections importantes sur celui qui a été le duc de Bordeaux, évoquées par Jacqueline du Pasquier. Plus discrètes sont les collections réunies dans des musées spécialisés sur des pages d'histoire militaire ou religieuse.

Ainsi, le musée de Loigny, en Eure-et-Loir, réunit depuis 1907 les effets des soldats qui sont tombés lors de la terrible bataille du 2 décembre 1870, faisant plus de 9 000 morts. Parmi eux, 600 zouaves pontificaux, démobilisés depuis la prise de Rome, forment le corps des « Volontaires de l'Ouest », sous l'autorité du général de Charette, héritier par son grand-père des guerres de Vendée dont Jean-Jacques Lucas retrace les collections. Monarchistes de cœur et marchant derrière la bannière du Sacré-Cœur, beaucoup d'entre eux furent massacrés lors de la charge de Loigny. Agrandi en 1956, le musée comprend une riche collection d'uniformes et d'objets dont ceux ayant appartenu au corps des zouaves pontificaux comme des scapulaires et des images pieuses de la famille

---

17 Henry BAUQUIER, *Histoire numismatique du Comte de Chambord ou nomenclature et description de toutes les médailles connues se rapportant au Comte de Chambord*, Paris, Champion, 1911.

18 Henry BAUQUIER et Gaston CAVALIER, *Histoire numismatique du Comte de Chambord*, Paris, Champion, 3 vol., 1911, 1929, 1941 ; Henry BAUQUIER, *Histoire iconographique du comte de Chambord*, Paris, Champion, 1942.

19 Luc FORLIVESI *et al.*, *Les Lys et la République. Henri, comte de Chambord (1820-1883)*, Paris, Somogy, 2013.

royale. Autre lieu, celui de Paray-le-Monial, la cité du Sacré-Cœur. Là, depuis les années 1880 et à la suite des grands pèlerinages nationaux, a été inauguré un musée d'art sacré, centré sur le culte eucharistique. Il a été imaginé par le père jésuite Jules Drevon et le baron Alexis de Sarachaga. Il réunit une collection d'œuvres religieuses, qui servent de support à la mise en scène d'un récit historique universel providentialiste, largement fondée sur l'esprit de réparation et d'expiation[20]. Quant aux anciens membres de l'armée impériale russe réfugiés en France après 1923, ils créent des musées privés, véritables conservatoires de la fidélité aux Romanov, comme le musée des cosaques de la Garde à Courbevoie[21]. Le Musée de l'Armée, dans l'hôtel des Invalides, accueille même à partir de 1969 une quinzaine de vitrines rassemblant les collections personnelles de nombreux anciens officiers de l'armée tsariste, dans une « salle des Alliés » où, aux dires du colonel Sergueï Andolenko, les Russes blancs « viennent s'extasier devant les vestiges de la grandeur d'antan »[22].

Le moment du bicentenaire de la Révolution a suscité des initiatives collectives en réactivant des réseaux d'inspiration monarchiste ou des familles d'anciennes victimes de la Terreur. Ainsi, les associations « Louis XVI » (1985) et « Marie-Antoinette » (1996) cherchent à faire connaître les collections disponibles sur ces figures illustres des Bourbons. À Lyon, l'association « Lyon 93 » fait office depuis 1982 de marqueur social pour ceux et celles qui se disent attachés à « l'âme lyonnaise », en organisant des visites régulières à la chapelle expiatoire des Brotteaux[23]. Sans oublier les nombreux collectionneurs privés qui ont amassé des objets ayant appartenu à des membres de la famille royale, à l'instar de la collection Alain Bancel, consacrée à Louis XVII et dispersée à Drouot

20 Une exposition a eu lieu en 2016 au Musée du Hiéron à Paray-le-Monial sur ce bienfaiteur converti, à l'itinéraire original, oscillant entre l'occultisme et le catholicisme : Patrick Lequet, « Alexis de Sarachaga », dans Jean-Pierre Chantin (dir.), *Les marges du christianisme*, Paris, Beauchesne, 2001, p. 219-223 ; sur les origines du musée eucharistique, voir les contributions de Patrick Lequet, Bernard Peyrous, Élisabeth Baranger et Dominique Julia, dans Sophie Mouquin et Bernard Peyrous (dir.), *Le Dieu invisible s'est rendu visible. La renaissance du musée eucharistique du Hiéron*, Paray-le-Monial, Éditions de l'Emmanuel, 2007.

21 Alexandre Bobrikoff, « Le régiment des cosaques de l'Empereur de la Garde impériale et son musée », *Au service des Tsars. La garde impériale russe de Pierre le Grand à la révolution d'Octobre*, Paris, Somogy, 2010, p. 49-51.

22 Émilie Robbe, « Le colonel et le conservateur. Collections russes du Musée de l'Armée », *ibid.*, p. 57-65.

23 Hervé de Christen, *Familles lyonnaises victimes du siège de Lyon en 1793*, Paris, Christian, 2004.

en 2003[24]. Enfin, il y a tous ces innombrables souvenirs accumulés dans les demeures et les châteaux de la noblesse française qu'évoque Claude-Isabelle Brelot à partir d'une famille noble de Franche-Comté, que ce soit dans les motifs décoratifs des restaurations châtelaines ou les reliquaires précieusement conservés dans les chapelles privées. Qui ont été ces collectionneurs, comment et sur quoi ont-ils fondé leur érudition, leurs techniques, leurs réseaux ? Dans quels lieux et de quelles façons ces souvenirs ont-ils été exposés ? Comment certains objets, devenus reliques, ont-ils circulé dans les familles et ont-ils réussi à transmettre une fidélité contre-révolutionnaire ? Autant de questions auxquelles le présent volume entend apporter quelques éléments de réponse.

---

24 *Collection Alain Bancel. Souvenirs historiques autour de Louis XVII et de la Famille royale* (catalogue de la vente, Paris, Drouot-Richelieu, 21 mai 2003), Paris, Piasa, 2003.

# Première partie

# Illustrer une fidélité contre-révolutionnaire

# Après la Révolution, un conservatisme refondé en Piémont :

## l'itinéraire de Juliette Colbert, marquise de Barolo

Nicolas Bourguinat

Giulia di Barolo appartenait à la haute aristocratie de Turin par son mariage conclu en 1809 avec le marquis Tancredi Falletti di Barolo. Mais elle était née Juliette Colbert de Maulévrier, ce qui la rattachait à la vieille noblesse de l'Ouest, aux résistances à la Révolution française et à l'Émigration. Assez paradoxalement, elle fut liée à l'un des précurseurs du Risorgimento italien, Silvio Pellico, avec lequel elle entra en correspondance après la publication de *Le miei prigioni*, en 1832. Pellico devait devenir un de ses intimes, au point que pour lui éviter une trop grande détresse matérielle, le marquis de Barolo l'engagea comme bibliothécaire, ce qui revenait à l'attacher à sa maison[1]. En retour, Pellico fit beaucoup de publicité aux causes et aux œuvres de bienfaisance de Juliette Colbert en Italie, mais également en Angleterre où il avait ses réseaux et où une large partie de l'opinion éclairée connaissait déjà la marquise grâce à une autre catholique qui était active dans les mêmes œuvres de charité, Lady Georgiana Fullerton. Elle resta au contraire peu connue en France, alors même qu'elle y conservait des relations familiales et amicales importantes. Transmettre une fidélité, dans le cas de la marquise Barolo, cela ne pouvait pas passer par une transmission verticale : en effet, son mariage resta stérile et elle n'assura pas la continuation de la

---

[1] Elle demanda à faire sa connaissance après la parution de ses mémoires, en novembre 1832, de manière d'autant plus surprenante que, selon Pellico lui-même, « il existait entre [eux] de grandes défiances en matière politique » (p. 118). Il fut reçu chez elle à Turin par l'intermédiaire du comte Balbo. Deux ans plus tard, en 1834, elle l'incita à refuser une position qu'on lui proposait en France et elle lui offrit une pension de 1 200 livres s'il restait en Italie. En 1838, lorsque Pellico perdit son père, le couple lui offrit l'hospitalité dans le palais. Le marquis mourut peu après, et Pellico demeura auprès de Juliette, travaillant à ses œuvres, de concert avec elle, jusqu'à sa mort en 1854.

lignée de son mari, qui était lui-même le dernier représentant d'une très ancienne famille. Mais c'était certainement une transmission horizontale, une manière de rayonnement. Et d'abord, ainsi qu'on le concevait dans ce type de famille, à travers l'idée d'exemplarité et, dans le prolongement de cette idée d'exemplarité, à travers l'activation de réseaux d'intelligences et d'amitiés : son itinéraire intéresse donc les échanges entre l'Italie du Nord et la France touchant aux héritages de la Contre-Révolution et à la consolidation d'une culture politique « blanche »[2] ; cela touche également les transferts religieux entre la France et la Savoie, à travers les dévotions et les congrégations que l'œuvre de la marquise de Barolo encouragea et propagea à Turin ; cela concerne enfin l'un des ciments classiquement identifiés de la Contre-Révolution européenne, après le milieu du siècle : la défense de la cause des anciennes maisons princières bousculées en 1848 et en 1859-1860, ainsi que le soutien indéfectible à la papauté, face à la révolution romaine de 1849 comme face à l'Unité italienne.

## Entre légitimisme français et conservatisme piémontais

On traitera dans un premier temps de la question des va-et-vient et des transferts entre la France de l'Ouest et l'Italie du Nord que le parcours personnel de notre personnage recouvre ou recoupe. Le mariage de Juliette Colbert était déjà, en lui-même, emblématique d'une forme de connivence ou tout au moins de coïncidence des vieilles maisons aristocratiques de la France de l'Ouest avec celles de la noblesse piémontaise dans le rejet de la Révolution, mais aussi, comme on va le voir, dans une forme de pragmatisme qui les distingue du jusqu'au-boutisme de certains émigrés français ou sardes. De même qu'on peut considérer les nations comme des « communautés imaginées », pour reprendre l'expression de Benedict Anderson, il me semble souvent qu'il y aurait lieu de réfléchir – comme l'a suggéré Éric Mension-Rigau dans son travail sur *L'enfance au château*, par exemple – aux aristocraties comme des projections imaginaires, issues des groupes revendiquant une singularité irréductible et s'y raccrochant, coûte que coûte. Née en 1786, Juliette est la fille du comte Édouard-Victurnien Colbert de Maulévrier (1754-1839), descendant du troisième frère du grand ministre de Louis XIV, Édouard François, qui

---

[2] Bruno Dumons et Hilaire Multon (dir.), *« Blancs » et contre-révolutionnaires en Europe. Espaces, réseaux, cultures et mémoires, fin XVIII^e^-début XX^e^ siècles (France, Italie, Espagne, Portugal)*, Rome, École Française de Rome, 2011.

avait acquis le domaine et le château de Maulévrier auprès de la famille Gouffier, en 1664. C'est une famille d'éthique nobiliaire très exigeante, et au catholicisme très ardent : quoiqu'il possède de vastes domaines, le père de Juliette veut apparaître comme le représentant d'une noblesse authentique, une noblesse d'épée donc. Il choisit donc la carrière militaire, avec succès d'ailleurs, tandis que sur ses terres, il s'engage dans le secours des miséreux et le relèvement des délinquants. La Révolution lui apparaît inacceptable, bien avant que les conflits autour de la question religieuse viennent déchirer les provinces de l'Ouest : très tôt, dès 1790, il opte pour l'Émigration et conduit toute sa famille en Hollande, à Amsterdam puis à Arnhem. C'est l'un de ses gardes-chasses, Stofflet, qui commanda plus tard les troupes vendéennes.

Orpheline de mère à 7 ans, en 1793, alors qu'elle est installée à Bruxelles, Juliette compte nombre de parents passés sur l'échafaud en 1793 et 1794, notamment sa grand-mère maternelle, née Quengo de Crénolle. Elle connaît donc une jeunesse marquée par l'errance et les épreuves d'une persécution qui provoqua, de manière très classique finalement, son surinvestissement en tant que catholique et en tant que royaliste. Juliette avait reçu par ailleurs une instruction variée et approfondie, incluant le latin et les disciplines scientifiques, tout comme sa sœur du reste – pour le dire dans les termes choisis de l'un de ses biographes, « le malheur avait mûri leur intelligence et avancé leur éducation »[3]. La famille de Juliette ne retourna en France qu'en 1802 avec l'amnistie offerte par le Consulat aux émigrés figurant sur les anciennes listes de proscription… Les terres ont été confisquées en 1793, par ordre du ministre Roland, et le château incendié l'année suivante. Le père de Juliette le reconstruit et obtient la restitution d'une partie de ses domaines. Il accepte néanmoins, par pragmatisme, que ses enfants jouent le jeu de la réconciliation avec le régime napoléonien, sans doute pour leur assurer un avenir. C'est ainsi que Juliette séjourne à Paris en 1805 comme demoiselle d'honneur de Joséphine, et c'est là qu'elle rencontre le jeune marquis de Barolo, fils d'un sénateur, et lui-même engagé à la cour comme chambellan. Ils se marient en 1806, probablement grâce à l'entremise entre les deux familles du prince Camillo Borghese, qui est toujours à cette époque à la tête d'une petite cour à Turin[4].

---

3 Vicomte de Melun, *La marquise de Barol, sa vie et ses œuvres, suivies d'une notice sur Silvio Pellico*, Paris, Poussielgue, 2e éd., 1874 [1869], p. 13.

4 Sur la jeunesse et le mariage de Juliette Colbert, voir l'ouvrage coordonné par la sœur Ave Tago (dir.), *Giulia Colbert di Barolo, madre dei poveri*, Rome-Plaisance, Libreria Editrice Vaticana-Istituto Figlie di Gesù Buon Pastore, 2007, p. 43-66.

À ce moment, notons-le, il n'existe aucune perspective réaliste de rétablissement de la maison de Savoie, qui se trouve en exil à Cagliari sous la protection de la flotte anglaise. Les Barolo n'ont pas choisi de s'enfuir de Turin avec leur monarque, mais ils n'ont pas non plus cédé aux offres de s'intégrer au nouveau cadre politique mis en route par les administrateurs napoléoniens dans le Piémont réuni départementalisé : ils n'ont accepté que des fonctions honorifiques ou de représentation[5]. C'est donc l'alliance de deux familles qui se trouvaient menacées de marginalisation, dans le nouveau cadre politique issu de la Révolution et de l'expansionnisme français, mais qui s'efforcent de ne pas compromettre définitivement leur position et de ne pas mettre tous leurs œufs dans le même panier, si l'on ose dire[6].

À la chute de Napoléon I^er^, elles reviennent bien sûr à leur engagement d'origine auprès de la maison de France et de la maison de Savoie respectivement : du côté de Juliette, le père devient maire de Maulévrier dès 1814 (il donnera bien sûr sa démission en 1830) ; le frère cadet, Édouard Auguste, né en 1787, entre dans l'armée avec le grade de colonel, tandis que le deuxième frère, Charles-Antoine Victurnien est élevé au titre de marquis par Louis XVIII ; du côté du marquis de Barolo, on fixe la résidence de la famille à Turin, dans le palais de la *Via delle Orfane* afin d'être proche du souverain retourné dans ses États en 1814, Charles-Emmanuel… C'est une maison connue et respectée sur la place de Turin, et sa proximité de circonstance avec la France napoléonienne est vite oubliée : au contraire, son alliance avec d'anciens émigrés liés au soulèvement vendéen de 1793 figure désormais à son crédit, et on le lit comme la marque d'un refus de l'alignement ou de la collaboration vis-à-vis de la France – stratégie où s'illustra par exemple la famille de Cavour ou celle de Balbo, dont l'attitude fut moins facilement oubliée au moment de la Restauration, qui fut marquée pendant les premières années par un véritable retour de bâton absolutiste en Piémont[7]. Pendant

---

5 Sur la continuation d'une agitation royaliste à Turin, après l'annexion à la France : Max Tacel, « L'agitation royaliste à Turin de 1805 à 1808 », *Revue de l'Institut Napoléon*, n° 116, 1954, p. 94-106, et le volume de la *Storia d'Italia* UTET : Paola Notario et Narciso Nada, *Il Piemonte Sabaudo. Dal periodo napoleonico al Risorgimento*, Turin, UTET, 1993.

6 Pour ce type de dilemme face à l'expansion française : Michael Broers, *Napoleonic Imperialism and the Savoyard Monarchy (1773-1821). State Building in Piedmont*, Lewiston (NY), The Edwin Mellen Press, 1997.

7 Parmi beaucoup d'autres travaux : Michael Rowe, *Collaboration and Resistance in Napoleonic Europe. State Formation in an Age of Upheaval, c. 1800-1815*, Basingstoke, Palgrave Macmillan, 2003.

l'ère du « Buon Governo », jusqu'en 1831, les grandes familles de la vieille noblesse, piémontaise ou savoyarde, allaient jouir d'une position dominante qu'elles ne devaient perdre, en tout cas partiellement, qu'avec le *Statuto* de 1848.

## Cultiver le souvenir vendéen, incarner et pérenniser les valeurs du légitimisme

Pour autant, la marquise ne perdait pas de vue la France de la Restauration. Elle fit de nombreux séjours à Paris pendant les années 1820, où on se disputait sa présence (Lamartine et Barante sont notamment des admirateurs assidus). Comme à Turin, elle y apparaît comme une femme brillante « animée, spirituelle, aimant les luttes et les victoires la conversation, en relation avec les hommes les plus distingués qui la trouvaient toujours à la hauteur de leur esprit, elle acquit bientôt dans les salons une autorité toute-puissante, à laquelle elle n'était pas insensible »[8]. Son salon devient donc un des points d'attraction de la société turinoise, et il est souvent remarqué et visité par les étrangers de passage. Elle participe à la première phase de l'exaltation de la mémoire des guerres de Vendée, transformée en théâtre du dévouement nobiliaire à la cause de Dieu et du roi. Juliette s'attache ainsi à la duchesse de Berry, que son père reçoit à Maulévrier en juillet 1828, et bien entendu, après la chute de Charles X, elle voit avec sympathie l'équipée vendéenne de la duchesse, en 1832[9]. Ces liens avec la patrie vendéenne se relâchèrent cependant après 1847, lorsque l'extinction de la famille Colbert de Maulévrier fut consommée, du fait de la disparition du neveu de Juliette, Charles-Antoine, le fils unique de son frère survivant, des suites d'un accident de chasse. En dehors de la dévotion qu'elle devait à la mère de l'« enfant du miracle », Juliette entretint aussi pendant toutes les années

---

8 Vicomte de Melun, *La marquise de Barol, sa vie…*, *op. cit.*, p. 14.

9 C'est d'ailleurs un trait commun à tout le camp royaliste. Ainsi, c'est la veuve de Louis de la Rochejaquelein, mort au combat des Mathes, près de Marennes, le 4 juin 1815, alors qu'il venait de débarquer avec une cargaison de fusils, qui rédigea les fameux *Mémoires de la marquise de la Rochejaquelein*, parus en 1815. La comtesse de Boigne dit méchamment de la duchesse de Berry (à propos de l'équipée de 1832) qu'elle « sortait à peine de l'enfance lorsque le manuscrit […] circula dans nos salons. Ce récit s'empara de sa jeune imagination. Depuis ce temps, elle a constamment rêvé la guerre civile comme complément du bonheur » (p. 6 du vol. 3 de l'édition Émile Paul, 1922).

1830 et 1840 des liens de sympathie très forts avec la reine Marie-Thérèse de Savoie ainsi qu'avec la reine de Naples.

Les voyages qu'elle eut l'occasion de faire, vers la France ou à travers l'Italie, étaient une manière de réactiver et de ré-éprouver la solidité des liens d'affection et de conviction qu'elle avait noués. Juliette a laissé nombre de notes plus ou moins improvisées et parfois retravaillées à ce sujet. Celui qu'elle fit à Florence en 1833 la ramenait à première vue à un petit cercle d'expatriés légitimistes et carlistes établis sur place : la marquise de La Rochejaquelein, la duchesse de Gontaut, le duc de Rohan, la marquise de Jumilhac. Mais elle n'en souffle mot dans ses impressions, où elle se laisse surtout aller à des considérations relevant de la spiritualité. Il faut être attentif au fait qu'elle présente ce séjour d'une façon bien particulière, comme une entreprise « inspirée » par Pellico : non pas Pellico le patriote, bien entendu, mais Pellico le mystique des dernières années. Condamné en 1821 et gracié en 1830, il avait passé de longues années dans une sinistre forteresse autrichienne, en Bohême, avec un régime d'isolement très dur. On sait que le compte rendu qu'il en donna, *Mes prisons*, sorti en 1832 (*My imprisonments*, dans la traduction anglaise parue en 1833) eut un impact considérable. Bien qu'il fût un des hommes du *Conciliatore* milanais, donc de l'un des noyaux les mieux identifiés du romantisme libéral italien, le sens du sacrifice dont il avait fait montre et la dignité de sa protestation étaient tels que Giulia di Barolo fut touchée par le personnage, et qu'elle choisit de rédiger une relation de ses voyages à travers l'Italie sous la forme de lettres à lui adressées. Si elle ne le publia pas, ce qui était probablement une entreprise impossible dans l'Italie des années 1830, on sait au moins qu'elle en assura la diffusion non pas dans les foyers libéraux, mais dans un cercle restreint d'aristocrates éclairés. Elle y nouait avec lui un dialogue sur la religion et l'amitié :

> Vous savez que l'un des rêves que j'aurais le plus souhaité réaliser aurait été de faire avec vous un voyage en Italie. Votre famille, votre position, ne l'ont pas permis ; oh, quel plaisir cela m'aurait donné de vous voir en présence de toutes ces choses qui ont occupé ainsi votre imagination, de partager avec vous les impressions reçues par votre esprit si raffiné, par votre âme si élevée et si noble [...]. Je me suis rendue ce matin pour prier à Santa Croce. Il était sept heures, le ciel était gris de nuages et l'air chargé de bruits pesants.[10]

---

10 « Santa Croce » (lettre datée de Florence, 2 novembre 1833), Giulia Colbert di Barolo, *Con gli occhi del cuore*, éd. d'Angelo Montonati, Milan, Edizioni San Paolo, 1995, p. 201.

Par ailleurs, l'entreprise de pérennisation et de réinvention de la tradition dans laquelle s'engage Giulia di Barolo lui fait attacher un intérêt tout particulier aux jeunes générations de l'aristocratie. Parallèlement à son œuvre de secours aux filles perdues et aux prisonnières, elle s'attache à développer l'instruction primaire des filles de la bonne société à Turin, sur ses terres familiales, et au-delà dans tout le Piémont, en s'appuyant pour cela sur les congrégations religieuses[11]. Elle va notamment s'appuyer sur les Dames du Sacré-Cœur qui avaient essaimé à l'époque de la reconstruction concordataire, dans la France napoléonienne et ailleurs. Leur problématique principale était de pourvoir à l'instruction domestique et aux principes religieux des femmes de rang supérieur. Du côté des jeunes femmes de la bonne société, Giulia di Barolo jugeait en effet que les mœurs étaient spécialement relâchées en Piémont par rapport à ce qu'elles étaient sous l'Ancien Régime, par la faute sans doute de la contagion révolutionnaire. Si l'on en croit son panégyrique entonné par le vicomte de Melun en 1869, peu de temps après sa mort, il y avait urgence :

> La ville de Turin avait grand besoin d'une institution de ce genre ; le monde n'était pas resté insensible à la contagion de la philosophie française du XVIIIe siècle, et aux exemples de corruption qu'avait provoqués, dans les rangs les plus élevés, la liberté de penser et d'agir ; les mœurs avaient subi la décadence de la foi, les vicissitudes si sérieuses et si profondes de la politique avaient laissé dans la plupart des intelligences le dégoût de la liberté, sans apporter la réforme de la vie ; la frivolité s'était accrue du silence de la discussion, et les plaisirs bruyants étaient devenus la principale affaire des salons et comme la protestation contre les rudes épreuves des révolutions. Mme de Barolo à son arrivée en Piémont avait été très frappée et un peu scandalisée de cet état de choses.[12]

Elle obtint l'accord du roi Charles-Félix pour faire venir les Dames à Turin, et son mari donna sa magnifique villa du Casino, près de la ville. Enfin, elle fonda des maisons, entre l'internat et l'ouvroir, pour les filles de la petite bourgeoisie de la boutique et de l'atelier. Juliette se consacra davantage encore à ces œuvres de charité après la mort de son mari, survenue inopinément en 1838 – il lui laissa la jouissance d'un énorme patrimoine foncier, plus de 4 000 hectares répartis entre les provinces de Cuneo, de Verceil et de Turin, et un grand nombre

---

11 Frédéric MEYER et Sylvain MILBACH (dir.), *Les échanges religieux entre la Savoie et la France (1760-1850). Regards croisés*, Chambéry, Université de Savoie, 2010.

12 Vicomte DE MELUN, *La marquise de Barol, sa vie…*, *op. cit.*, p. 81.

de biens immobiliers[13], autant de revenus et de murs qu'elle pouvait mettre à disposition de ses institutions de relèvement des filles de mauvaise vie, de secours moral apporté aux femmes incarcérées, de secours aux malades et aux enfants abandonnés. Elle estimait, en assumant ces tâches, remplir des devoirs que lui imposait sa condition de chrétienne, d'aristocrate privée d'héritiers, et de sujette des Savoie dont elle consolidait la monarchie en contribuant au bon ordre et à l'harmonie sociale. Tous ses projets sollicitèrent et obtinrent d'ailleurs l'approbation de la monarchie, du fait notamment de sa complicité personnelle avec le couple royal.

## *Il Quarantotto* et après : une aristocrate repliée sur la défense de la légitimité

Un dernier aspect de la transmission d'une fidélité à la cause contre-révolutionnaire, et non des moindres bien sûr, est constitué par la résistance acharnée que la marquise opposa à la politique suivie pendant les années 1850 dans les États de Savoie, et aux étapes de l'Unité italienne dont elle pût être spectatrice de son vivant. Ce que l'on appelle la « révolution constitutionnelle » en Piémont, c'est peu dire que Juliette y était mal préparée. Le *Statuto* de 1848 fut considéré comme une mauvaise surprise, une concession dangereuse aux idées du siècle dans certains cercles de la noblesse, qui avaient toujours considéré avec défiance, si ce n'est avec horreur, outre-monts, la France de l'école doctrinaire et la royauté « nationale » fondée par Louis-Philippe.

> Mme de Barol aimait l'Italie, estime son biographe, elle faisait des vœux comme Pellico pour sa délivrance du joug étranger, mais [...] attachée aux opinions politiques contre lesquelles l'Italie était en insurrection, elle ne pouvait s'accoutumer à voir la monarchie se dépouiller de son ancienne autorité et livrer son prestige ; elle avait peine à saluer comme un progrès l'avènement du gouvernement des chambres qui, disait-elle, enlevait aux rois leur responsabilité.[14]

---

13 Anthony L. Cardoza, *Aristocrats in Bourgeois Italy : the Piedmontese Nobility (1861-1930)*, Cambridge, Cambridge University Press, 2002.

14 Ce sont les lois *Bon Compagni* en 1848 et *Lanza* de 1857. Vicomte de Melun, *La marquise de Barol, sa vie…*, *op. cit.*, p. 139-140, remarque que les Dames du Sacré-Cœur étaient plus ou moins « accusées d'agir sur les jeunes files comme les jésuites sur les jeunes gens ».

En termes plus clairs, elle voyait avec consternation se reproduire à Turin ce que l'usurpation de Louis-Philippe avait déclenché à Paris après 1830 : la victoire du gouvernement représentatif, l'abaissement de l'institution monarchique par l'octroi d'une constitution, et le triomphe de la classe politique du « juste milieu ».

Mais la défaite face à Autriche et l'abdication du souverain allaient ouvrir une période pleine d'incertitudes plus néfastes encore. La marquise s'éloigna des libéraux et se rapprocha du « parti » conservateur savoyard, dont plusieurs maisons nobles avaient depuis longtemps établi leur résidence à Turin, délaissant le « berceau » chambérien. Après les élections de 1857, les Savoyards étaient le groupe régional le plus important au sein du courant conservateur du parlement turinois (22 députés sur 64), et ils affichaient pour chefs des hommes profondément enracinés dans l'Ancien Régime comme Solaro della Margarita, pour qui la Savoie possédait sa gloire et son histoire propre, distincte du Piémont, ou Menebrea qui avait un jour qualifié le mariage civil d'« accouplement de chiens ». Pour tous ceux qui avaient refusé les évolutions consenties en 1848, affligés que Charles-Albert acceptât de devenir un roi à l'anglaise, on devait inlassablement défendre la place prééminente de l'Église et veiller à préserver la tradition « régionale » en empêchant de dissoudre le royaume dans une problématique Italie unifiée… Comme eux, la marquise fut donc révoltée par les attaques du Piémont de Cavour contre la papauté et contre les intérêts du catholicisme[15], et en tout premier lieu par l'expulsion des jésuites. D'autant qu'à cette mesure s'ajoutaient l'expulsion des Dames du Sacré-Cœur (congrégation féminine savoyarde prenant son origine en France, qu'elle avait contribué à importer en Piémont) et l'abolition des ordres religieux contemplatifs doublée de la confiscation de leurs biens[16]. Sans doute, l'action de Cavour n'était-elle pas forcément anticléricale dans sa conception, mais elle travaillait en faveur d'une inéluctable séparation de l'Église et de l'État – à travers les lois Siccardi qui supprimèrent le privilège de juridiction dit du « tribunal ecclésiastique » et l'exemption d'impôt dont bénéficiaient encore les biens

---

15 Cavour n'était piémontais que pour un quart. Par le biais de sa grand-mère Philippine de Sales, son ascendance remontait jusqu'à saint François de Sales et aux plus vieilles familles de l'aristocratie savoyarde. Mais surtout, sa généalogie le reliait à la finance genevoise et, indirectement, au protestantisme, par l'intermédiaire notamment de l'influence du pasteur Vinet, grand défenseur des Églises libres par opposition à l'Église « établie ».

16 Vicomte de Melun, *La marquise de Barol, sa vie…*, *op. cit.*, p. 143.

de mainmorte – et pour ce motif elle heurta violemment la paysannerie et l'aristocratie savoyardes. Le tableau fut finalement clos avec la loi Casati de 1859 qui tirait les conclusions de ces coups portés à l'influence ecclésiastique sur l'enseignement en faisant obligation à chaque commune d'entretenir une école, ce qui alignait le Piémont (puis la nouvelle Italie unifiée) sur le modèle scolaire de la France de Guizot. Bref, l'offensive de Cavour eut pour conséquence involontaire de creuser le fossé entre libéralisme et conservatisme au sein de la haute société de la monarchie des Savoie. Giulia di Barolo, qui avait toujours eu avec lui d'excellentes relations, ne rompit pas les ponts avec le ministre, mais ne lui cacha jamais sa profonde amertume :

> Quand on étouffe, on n'est pas toujours maîtresse des sons qui échappent, et comme catholique je me sens étouffée [...]. Vous en appelez à ma mémoire sur la date de vos opinions politiques ; cette mémoire est fidèle et se rappelle parfaitement qu'il y a plus de 25 ans, vous désiriez d'être premier ministre d'un royaume d'Italie. Vous êtes premier ministre, mais le royaume d'Italie ? La réponse est dans le domaine de la politique, je m'abstiens. Vous savez que je ne suis pas une femme politique et ne l'ai jamais été. Vous voulez votre pays libre : est-il libre ? L'êtes-vous vous-même ? Hélas non. La France de tout son poids pèse sur nous. Certaines gens, vous servant, vous poussent aussi. Je ne vous rends pas responsable du mal qui se fait. Il s'en fait d'inutile même pour le succès de vos vœux.[17]

La marquise de Barolo retrouva donc, dans la tourmente de la fin des années 1850, l'énergie de la mobilisation du camp contre-révolutionnaire en même temps que l'atmosphère des persécutions anti-nobles de son enfance : elle-même fut accusée par la rumeur de retirer des enfants à leur famille, ou de cacher des jésuites, et elle fit l'objet de visites domiciliaires, d'enquêtes judiciaires. Son nom, si populaire autrefois auprès du *popolo minuto* de la capitale piémontaise, fut un moment traîné dans la boue, au point qu'il fut question de la mettre à l'abri à l'étranger. Elle se refusa cependant jusqu'au bout à quitter Turin et elle put récupérer l'établissement qu'elle avait offert aux Dames du Sacré-Cœur.

Quant à l'institution du Piémont en moteur de l'unification italienne, la marquise ne pouvait rien y voir d'autre qu'une catastrophe pour le principe de légitimité. Les événements de 1848-1849 l'avaient en quelque sorte vaccinée. « Rien ne peut satisfaire nos politiques qu'une

---

17 Lettre au comte Cavour, 12 août 1860, *Giulia Colbert di Barolo, madre dei poveri*, *op. cit.*, p. 143.

représentation nationale, écrivait-elle. Tout est maintenant national : nous avons le café national, le pain national… », ajoutait-elle sur un ton sarcastique, avant de conclure, sans craindre le paradoxe : « Pour moi, je ne suis pas politique et je suis assez indifférente à toutes les formes de gouvernement[18]. » La guerre de 1859 la laissa circonspecte, mais quant à l'annexion de la Savoie à la France en 1860, elle ne pouvait y voir qu'une déloyauté de la part des souverains, Victor-Emmanuel d'abord qui repoussait ses propres sujets, et Napoléon III, qu'elle détestait de toute façon cordialement, qui tirait parti de la situation aux dépens de l'Italie[19]. Pour ce qui est de l'abandon du pape et de l'annexion de la plus grande partie de ses territoires au royaume d'Italie, en 1860, elle trouva là une épreuve supplémentaire qui fut l'occasion de resserrer ses liens avec Rome. Elle y était venue à plusieurs reprises et avait plaidé sa cause auprès du pape Grégoire XVI, avec succès d'ailleurs, dès 1845. Elle y multiplia démarches et visites auprès des cardinaux, pour obtenir en faveur de son ordre non seulement la « louange », mais aussi l'approbation – qui en principe n'était accordée qu'après un délai beaucoup plus long par rapport à la fondation, sous réserve de résister à l'épreuve du temps. Elle y repassa en octobre 1851 et en mars 1852 lorsqu'elle se rendit à Naples dans l'espoir d'y obtenir de la maison de Bourbon la création d'un établissement de Maddalene. Pour les monarchistes français, auxquels Juliette restait rattachée de cœur, les affinités d'idées et les contacts familiaux étaient courants, soit avec la monarchie napolitaine (qui avait donné aux légitimistes, par l'intermédiaire de la duchesse de Berry la continuation inespérée de la lignée royale), soit avec le patriciat et les milieux ecclésiastiques romains. Le sauvetage de Pie IX par l'intervention française de 1849 avait constitué un véritable déclic et fait prendre conscience d'une sensibilité commune, à l'échelle de tout le continent.

---

18 Vicomte DE MELUN, *La marquise de Barol, sa vie…*, *op. cit.*, p. 149, note (sans référence).

19 En règle générale, les conservateurs savoyards regimbaient à l'idée de se séparer de la dynastie des Savoie. Lorsqu'ils le firent, c'est souvent parce qu'ils pensaient que la monarchie elle-même avait trahi, donc qu'elle les avait libérés de leur fidélité. Mais quelques nobles d'origine savoyarde prirent le parti inverse en poussant leur loyauté à Victor-Emmanuel jusqu'au bout de sa logique : refusant l'annexion de 1860, ils prirent la nationalité italienne et suivirent leur souverain jusqu'à Florence, puis jusqu'à Rome (où certains comme Menabrea, Pelloux, ou encore Blanc devaient devenir chefs du gouvernement ou ministres des Affaires étrangères). Voir à ce sujet la thèse en cours de réalisation de Marco GIOLITTO, *L'Anti-Risorgimento. Les résistances à la modernisation de l'État sarde en Savoie de 1848 à 1860* (Université de Strasbourg, sous ma direction).

Ainsi, lorsque la comtesse de Ségur alla à Rome, en 1852, rendre visite à son fils Gaston, nommé l'année précédente auditeur auprès du tribunal de la Rote (mais familier des réseaux romains depuis 1842), elle rencontra nombre de Français avec lesquels elle ou son fils étaient déjà liés. Soit ces derniers étaient venus en pèlerinage, comme Veuillot, qui était par ailleurs son ami très proche et s'était précisément converti à Rome en 1838, et qui fut reçu par Pie IX pendant son séjour, comme Sophie de Ségur devait l'être elle-même au début de 1853. Soit ils remplissaient auprès de la Curie des offices divers comme le père de Villefort, l'abbé Véron, et bien sûr le prélat Mgr de Mérode, qui devait devenir l'architecte du réarmement de l'État pontifical et de la formation de l'armée des zouaves[20]. Les points d'appui ne manquaient donc pas à la marquise de Barolo pour affirmer son soutien à la cause du pouvoir temporel du pape. Mais face aux événements catastrophiques de 1860, la combativité de Juliette était déjà émoussée par l'âge et la maladie. Elle mourut peu de temps après, en 1864.

Marqué par les épreuves de la Révolution française victorieuse, le ménage Barolo était à sa manière le fruit d'un compromis, d'un rapprochement d'élites à la mode napoléonienne, mais comme on l'a vu, il était demeuré défenseur d'une vue intransigeante de la monarchie. S'ils ne rêvaient pas, après 1814, d'intervenir activement pour restaurer la grandeur d'un Piémont-Sardaigne recouvrant son indépendance, Tancredi et Giulia di Barolo avaient un sentiment élevé de leurs devoirs, au point que la marquise – tout en gardant sa fidélité à la Vendée – en vint à tout sacrifier à sa nouvelle patrie. Décidée à y freiner la propagation des idées nouvelles et à y renouveler la tradition d'une aristocratie dévote et protectrice des pauvres, Giulia di Barolo s'imposa comme une figure remarquable du conservatisme piémontais, sans s'interdire complètement ce que d'aucuns auraient considéré comme des liaisons dangereuses, avec des figures issues du courant libéral et national telles que Pellico puis Cavour. L'épreuve de 1848 et la marche en avant de l'unification de l'Italie la conduisirent cependant à renouer les liens de solidarité et de conviction avec les réseaux « blancs » de la péninsule italienne, de Turin jusqu'à Naples.

---

20 Gaston DE SÉGUR, *Journal d'un voyage en Italie. Impressions et souvenirs*, Paris, Tulra, 1882 et Anatole DE SÉGUR, *Un hiver à Rome, portraits et souvenirs*, Paris, Bray et Retaux, 1877.

# Les usages politiques de la généalogie nobiliaire dans le royaume d'Italie

Simon Sarlin

Après la réalisation de l'unité nationale, les noblesses italiennes furent confrontées à la fois à la question du maintien de leur statut social dans une société libéralisée et à celle de leur place au sein d'un État envers lequel elles s'étaient montrées en grande partie indifférentes ou hostiles. L'institution en 1869 d'une *Consulta Araldica del Regno d'Italia*, commission de nomination royale chargée de contrôler les titres de noblesse et d'harmoniser les différentes traditions régionales en matière nobiliaire, puis celle de commissions régionales en 1889, traduisait la volonté de « nationaliser » ce secteur encore influent de l'élite que constituait l'ancienne aristocratie, tout en réaffirmant la prérogative royale dans la définition de la noblesse. Même si elle se heurta à la résistance passive d'importants segments aristocratiques (« aristocratie noire » à Rome, nobles « bourboniens » à Naples), cette procédure de reconnaissance joua un rôle certain dans la floraison contemporaine, dans le dernier tiers du XIXe siècle, d'initiatives nobiliaires sur le terrain de l'héraldique et de la généalogie : publications de revues, d'annuaires, d'almanachs, d'ouvrages techniques, de répertoires, création d'associations d'héraldistes et de généalogistes en lien avec les commissions officielles. Si d'un côté ces outils offraient une aide pour affronter des procédures de reconnaissance réclamant une grande rigueur documentaire et des coûts élevés, ils servirent également à alimenter une idéologie nobiliaire militante fondée sur le refus de la démocratie et la défense des hiérarchies traditionnelles.

## Une floraison d'initiatives éditoriales et institutionnelles (de la fin des années 1870 à la fin des années 1920)

Jusqu'au milieu du XIXe siècle, les travaux généalogiques avaient majoritairement été l'œuvre d'érudits gravitant dans l'entourage des familles de la grande noblesse et consacrés à la gloire de ces dernières.

D'autres travaux étaient inspirés par la glorification des « hommes illustres », dans un sens à la fois patriotique et nobiliaire, à l'exemple du Lombard Pompeo Litta, « généalogiste patriote »[1]. Né en 1781, celui-ci appartenait à une illustre famille du patriciat milanais. Après avoir servi comme soldat dans l'armée napoléonienne du royaume d'Italie, il s'est consacré après 1814 aux études historiques et principalement à la généalogie. Sa série des *Famiglie celebri italiane*, dont le premier volume est paru en 1819, se donnait pour objectif d'illustrer le passé national à travers l'histoire des grandes familles du patriciat des différents États italiens. Après sa mort en 1852, son entreprise a été poursuivie par le comte Luigi Passerini Orsini de' Rilli. Appartenant à une noble famille florentine, celui-ci avait été appelé par Litta en 1839 pour l'assister dans son travail de généalogiste. Entouré lui-même de divers collaborateurs comme F. Oderici, F. Stefani, F. di Mauro di Polvica, et Costantino Coda, il devait poursuivre la publication des *Famiglie celebri italiane* jusqu'en 1873. Passerini faisait le lien entre la généalogie érudite au service de familles illustres et une approche plus « scientifique » et institutionnelle. Nommé directeur des Archives de l'État toscan à partir de 1856, il a dirigé ensuite la Bibliothèque nationale de Florence entre 1871 et 1874, tout en collaborant à l'*Archivio Storico Italiano* (la plus ancienne revue historique en Italie, fondée à Florence en 1842) dans laquelle il a publié plusieurs travaux généalogiques ; parallèlement, il a signé des travaux généalogiques à la demande de représentants de grandes familles, à l'instar de son histoire de la famille Alberti de Florence qui lui a été commandée en 1866 par le duc Albert de Luynes[2].

La fin des années 1870 voit le lancement d'entreprises éditoriales et institutionnelles plus ambitieuses, sans aucun doute stimulées par le nouveau contexte politique et institutionnel créé par l'unification nationale. Parmi les répertoires généalogiques régionaux publiés à cette époque, les plus importants sont ceux du Napolitain Berardo Candida Gonzaga[3], du Sicilien Giuseppe Galluppi[4], et surtout l'*Enciclopedia araldico-cavalleresca* de Goffredo di Crollalanza qui était encore citée plus de cinquante ans plus tard comme « le plus important répertoire de la noblesse disponible

---

1 Vittorio Cian, « Un genealogista patriota », *Miscellanea d'erudizione*, I, 1905.

2 Luigi Passerini Orsini de' Rilli, *Gli Alberti di Firenze, genealogia e documenti*, Florence, Cellini, 1869.

3 Berardo Candida Gonzaga, *Memorie delle famiglie nobili delle province meridionali d'Italia*, Naples, 1875-1883, 6 vol.

4 Giuseppe Galluppi, *Nobiliario della città di Messina*, Naples, 1877.

en Italie »[5]. C'est autour du père de ce dernier, Giovanni Battista di Crollalanza, que s'est rassemblée une véritable école de généalogistes. Issu de la petite noblesse des Marches et professeur d'histoire dans divers lycées, il lance en 1873 la publication d'une revue, *Il Giornale araldico, genealogico, diplomatico*, dont le premier numéro paraît à Fermo mais qui dès l'année suivante se transfère à Pise. Son ambition est d'accueillir dans son journal « des mémoires et des arbres généalogiques des familles qui enverront toutes les informations requises sans en attendre aucune rétribution », « de reproduire les armes familiales et les sceaux de familles » et « de publier des diplômes et des documents inédits concernant des familles illustres ». La revue comprenait en outre des rubriques d'histoire de familles ou d'ordres chevaleresques, de diplomatique, de sigillographie, ainsi que des comptes rendus de livres sur la généalogie et l'héraldique, des correspondances avec savants ou des académies étrangères. L'entreprise éditoriale était liée à une *Società di araldisti e genealogisti* (ou *Accademia araldico-genealogica*), siégant elle aussi à Pise, qui dès la fin de 1874 comptait déjà plus de 300 membres. À partir de 1879, cette association a pris également en charge la publication d'un *Annuario della nobiltà italiana*. Toutes ces initiatives ont valu à G.B. di Crollalanza le titre de « prince des héraldistes italiens »[6]. En réalité, l'initiative n'était pas la première de ce genre. Déjà en 1853, le comte Baldassare Capogrossi-Guarna avait fondé à Rome l'*Istituto araldico romano*, qu'il a dirigé jusqu'à sa mort en 1906. Rassemblant des aristocrates et des prélats, tous liés à la papauté – à l'instar de Capogrossi-Guarna lui-même, avocat consistorial et secrétaire du Sénat romain –, cette association avait été officiellement reconnue par un bref pontifical de 1858 et jouait un rôle d'expertise auprès de la *Commissione araldica capitolina*, chargée de se prononcer sur les agrégations au patriciat romain. À partir de 1903, l'institut se doterait de sa revue, la *Rivista Araldica*, sous la direction du comte Ferruccio Pasini-Frassini qui prendrait la succession de Capogrossi-Guarna à la tête de l'*Istituto*. Réformé sous le nom de *Collegio Araldico Romano*, l'association restait étroitement liée à la papauté à travers la *Sacra Congregazione degli Studi* et le patronage du cardinal vicaire. On signalera enfin *L'araldo : almanacco nobiliare del Napoletano*, publication périodique lancée en 1878 par le comte Francesco Bonazzi di Sannicandro, membre et secrétaire de la *Commissione Araldica Napoletana* et correspondant de la

---

5 Goffredo di Crollalanza, *Enciclopedia araldico-cavalleresca*, Pise, Giornale araldico, 1876-1877. La citation est tirée de l'entrée « Crollalanza » de l'*Enciclopedia Italiana Treccani* (L. Rangoni Machiavelli, 1931).

6 Giustino Colaneri, *Bibliografia araldica e genealogica d'Italia*, Rome, Loescher, 1904, p. VIII.

*Consulta Araldica del Regno d'Italia* dont l'ambition était de compléter les activités de la commission par la compilation de fiches généalogiques sur la noblesse méridionale.

Le mouvement lancé à la fin des années 1870 s'est donc poursuivi à un rythme soutenu pendant trois décennies. Le tournant du siècle voit ainsi la publication de nouveaux répertoires régionaux ou nationaux, œuvres d'érudits liés aux activités des commissions officielles. Citons parmi eux le Piémontais Antonio Manno qui a exercé pendant de nombreuses années la charge de secrétaire du roi auprès de la *Consulta Araldica*[7], le marquis pontifical Giacomo Pietramellara[8] et le comte Bonazzo di Sannicandro déjà évoqué[9]. Autre genre éditorial fréquenté par ces érudits, les instruments de travail destinés aux experts généalogistes ou à un public d'amateurs, qui faisaient défaut pour l'Italie, se multiplient dans le dernier tiers du siècle. En 1879, l'*Accademia Araldica* ouvre un concours ouvert pour la réalisation d'une grammaire héraldique, « afin que les Italiens puissent acquérir facilement une connaissance satisfaisante de la science héraldique, sans avoir besoin de recourir à des ouvrages volumineux et devenus difficiles d'accès ». Le lauréat est un membre de l'Académie, le Toscan Felice Tribolati dont la *Grammatica araldica ad uso degli italiani* est éditée en 1881 et qui connaît un succès motivant une deuxième édition en 1887 et une troisième en 1902. En 1904, la quatrième édition, corrigée et augmentée par Goffredo di Crollalanza, est parue à Milan pour la maison Hœpli, qui avait lancé en 1870 une collection de manuels pratiques et techniques à bon marché sur le format anglais du *Handbook*. Peu avant, cette collection avait accueilli un lexique d'héraldique compilé par le comte Guelfo Guelfi Camajani. Le besoin d'un lexique officiel pousserait quelques années plus tard (en 1905) la *Consulta Araldica* à en faire la commande à Antonio Manno[10]. Enfin, le travail accompli par les commissions nationale et régionale a motivé à partir des années 1890 la publication de répertoires officiels, notamment le *Libro d'oro della nobiltà italiana*, institué par un décret de 1896, et *Il libro d'oro del Campidoglio*, publié à Rome entre 1893 et 1897. Au début du XXe siècle, le renouveau éditorial des études héraldiques et généalogiques

---

7 Antonio Manno, *Il Patriziato subalpino*, 31 volumes dont 2 imprimés (Florence, 1896 et 1905).

8 Giacomo Pietramellara, *Blasonario generale italiano*, Tivoli, 1898-1902.

9 Francesco Bonazzo di Sanninancro, *Famiglie nobili e titolate del napolitano ascritte all'elenco regionale o che ottennero posteriori legali riconoscimenti*, con brevi notizie illustrative, Naples, 1902.

10 Antonio Manno, *Vocabulario araldico ufficiale*, Rome, Civelli, 1907.

pouvait enfin justifier la rédaction d'une recension bibliographique, entreprise par Giustino Colaneri, un bibliothécaire de la Casanatense[11]. Après cette époque, le mouvement devait s'essouffler et ses derniers feux seraient jetés à la fin des années 1920, avec les publications du marquis Vittorio Spreti[12] et du comte Silvio Manucci[13].

## Généalogistes et amateurs de généalogies nobiliaires : un profil

Les acteurs du renouveau des études généalogiques et héraldiques formaient un milieu dont la cohérence reposait sur des relations interpersonnelles et des traits sociologiques communs. Gian Carlo Jocteau, dans son livre sur les noblesses dans l'Italie unifiée, met en avant quatre personnages qu'il estime représentatifs de ce milieu généalogiste : Gaudenzio Claretta, issu d'une famille de notables piémontais anoblie en 1861 ; les Crollalanza, représentants d'une famille de la petite noblesse des Marches ; Ferruccio Pasini, anobli comte pontifical en 1895 ; et Antonio Manno, fils d'un haut fonctionnaire de la monarchie piémontaise, avec le titre de baron et un important patrimoine foncier. Ainsi, il ressort que la passion généalogiste n'était pas le fait de la noblesse la plus puissante mais de milieux bourgeois ou de la petite et moyenne noblesse à la recherche d'une cooptation dans les rangs d'une aristocratie dont ils éprouvaient la force d'attraction sociale[14]. Certains parmi eux ont essayé de s'intégrer à la haute noblesse par des mariages, à l'exemple d'un Manno qui a épousé en 1861 la fille du comte Cordero di Vonzo, ou de Goffredo di Crollalanza qui s'est uni à la fille du comte Prospero Arlotti. Leurs activités de généalogistes servaient en partie ces stratégies, lorsqu'elles permettaient d'attirer dans leurs cercles des représentants de l'aristocratie (ainsi la présidence de l'*Accademia* a-t-elle été offerte au comte Walfredo della Gherardesca). Certains généalogistes ont enfin été amenés à jouer un rôle dans la politique nobiliaire du royaume d'Italie, à l'instar de Manno, choisi par la Couronne pour la représenter auprès de la *Consulta*.

---

11 Giustino Colaneri, *Bibliografia araldica e genealogica d'Italia, op. cit.*

12 Vittorio Spreti, *L'Enciclopedia storico-nobiliare italiana: famiglie nobile e titolate viventi riconosciute del R. Governo d'Italia, compresi : città, comunità, mense vescovile, abazie, parrocchie ed enti nobili e titolati riconosciuti*, 6 vol., 1928-1932.

13 Silvio Manucci, *Nobiliario e blasonario del Regno d'Italia*, Rome, Collegio Araldico, 5 vol., 1929-1934.

14 Gian Carlo Jocteau, *Nobili e nobiltà nell'Italia unita*, Rome, Laterza, 1997.

**Fig. 1.** *Titres revendiqués par les membres de l'Accademia araldico-genealogica en 1874.*

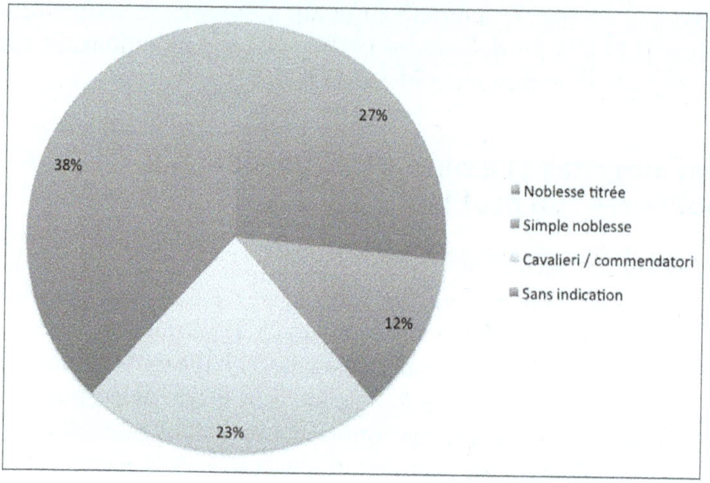


**Fig. 2.** *Professions indiquées par les membres de l'Accademia araldico-genealogica en 1874.*

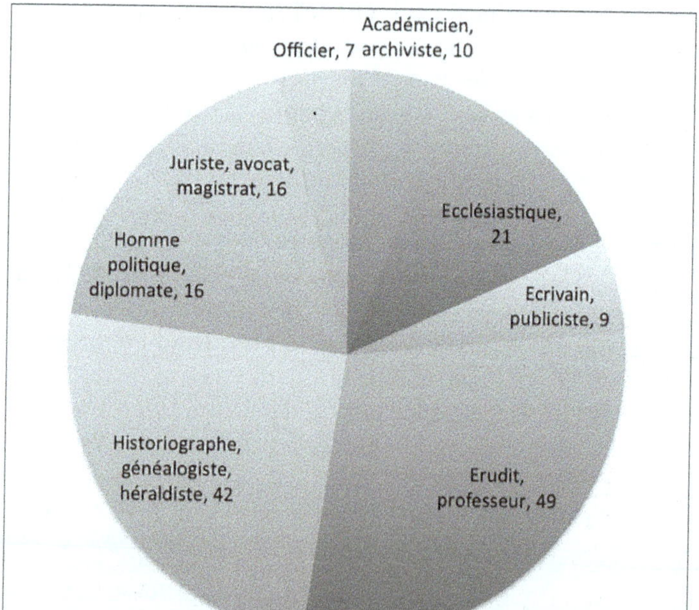

**Fig. 3.** *Lieu de résidence des membres Italiens de l'Accademia araldico-genealogica en 1874.*

Ce constat peut être confronté à l'analyse de la composition de l'*Accademia araldico-genealogica*, d'après les listes publiées par *Il Giornale Araldico* à la fin de 1874, qui comprend 311 individus (fig. 1). Celle-ci fait apparaître une prédominance nobiliaire (62 %), parmi laquelle la noblesse titrée compte presque à part égale avec le groupe de la simple noblesse et de la noblesse de courtoisie (*cavalieri* et *commendatori*). La participation aux sociabilités généalogistes autorisait donc une certaine forme de mixité sociale, mettant en contact les différentes strates de la noblesse et les milieux bourgeois. Plus de la moitié des membres indiquaient exercer une profession (fig. 2). Parmi ces dernières dominent les activités intellectuelles (érudits, professeurs, docteurs, écrivains et publicistes dont une fraction spécialisée dans le domaine de la généalogie et l'héraldique). Les autres sont liées à l'éthos nobiliaire orienté vers les carrières militaires, diplomatiques, politiques et ecclésiastiques. Sans surprise, il s'agit par ailleurs d'une sociabilité essentiellement masculine, la part féminine étant limitée à cinq représentantes de la noblesse titrée (dont la princesse Dora d'Istria). La dimension internationale est aussi remarquable, avec plus d'un tiers de membres étrangers (127). La provenance régionale des membres italiens fait quant à elle apparaître des zones privilégiées de recrutement (fig. 3) : la Toscane (lieu d'implantation de la Société), la Campanie et la Sicile, suivies par les Abruzzes, l'Émilie-Romagne, la Vénétie et la Lombardie, enfin les Marches, le Piémont, les Pouilles et la Ligurie. Les zones de vide s'expliquent peut-être soit par la distance et les difficultés de communication (Sardaigne, Basilicate, Calabre), soit par l'orientation philo-piémontaise de l'*Accademia* qui était de nature à détourner la noblesse « noire » vers son concurrent l'*Istituto Araldico Romano* (Rome et le Latium, l'Ombrie).

Le renouveau de l'intérêt pour la généalogie et l'héraldique et la constitution d'un milieu d'experts relevaient de la conjonction de divers facteurs sociaux et politiques propres à l'époque post-révolutionnaire, en particulier à la lumière des évolutions de la noblesse et de la place de cette dernière dans la société. Rappelons qu'après 1815, les États monarchiques italiens avaient parallèlement reconnu l'existence des titres de noblesse – d'Ancien Régime et, à l'exception du Piémont et du duché de Modène, napoléonienne – et confirmé l'abolition des privilèges, de la féodalité, des fidéicommis et des primogénitures. Les effets de cette mutation avaient nourri une obsession nobiliaire de la part d'une moyenne et petite noblesse au statut remis en cause par la disparition des distinctions juridiques, et bien souvent par l'affaiblissement de ses positions économiques. Celle-ci devait par conséquent trouver les moyens d'affirmer son appartenance à la noblesse et d'illustrer son lignage. En témoigne par exemple l'obsession généalogique dont le comte Ignazio della Porta fait preuve dans ses mémoires, récemment publiés ; celui-ci, représentant de la moyenne noblesse romaine, tout en faisant partie de la garde noble pontificale, accordait son expertise auprès de la *Consulta araldica romana*[15]. La généalogie répondait ainsi à des usages nobiliaires

15 Ignazio Della Porta, *Memorie della nobiltà romana, 1893-1900*, Udine, Gaspari, 2014.

anciens qui s'étaient renforcés à mesure que s'affaiblissait la frontière entre les strates médio-inférieures de la noblesse et une fraction de la bourgeoisie désireuse de s'y agréger.

Dans le même temps, l'adoption de lois conférant au souverain le monopole de la confirmation des titres et de l'anoblissement, faisant de la Couronne l'unique critère de définition valable de l'appartenance à la noblesse, a inspiré la création de commissions spécialisées chargées d'examiner les demandes de reconnaissance ou confirmation : Commissions de Milan et Venise (1815-1828, la compétence passant ensuite à un simple organe administratif) ; *Commissione Araldica* à Parme (1823) ; *Real Commissione dei titoli di nobiltà* pour les Deux-Siciles (1833) ; *Congregazione Araldica* à Rome (1853)[16]. Certaines cités s'étaient également dotées de commissions similaires, à l'exemple de la *Comunità* de Modène ou des *Diputazioni* toscanes. Après la proclamation du royaume d'Italie, la question de l'hétérogénéité des codes et des institutions nobiliaires a rapidement fait apparaître la nécessité d'un organisme national, institué par un décret royal en 1869 sous le nom de *Consulta Araldica*. La mission principale de cette commission était de tenir un registre des titres nobiliaires de tout le royaume, répartis en trois catégories : ceux des descendants de familles enregistrées dans les registres nobiliaires des États pré-unitaires ; ceux des familles qui pouvaient produire des titres ou des reconnaissances officielles de ces États ; ceux enfin dont les titres seraient reconnus par la *Consulta*, à charge de produire les documents d'archives et les démonstrations généalogiques qui justifiaient la réclamation. Après avoir traversé une crise (en raison des accusations de favoritisme à l'égard de la noblesse septentrionale) et cessé ses travaux en 1877, la *Consulta* reprit ses activités en 1887 – sous l'impulsion d'un ancien républicain, Francesco Crispi – et les a poursuivies sans interruption jusqu'au début de la Seconde Guerre mondiale. En 1889 furent instituées des commissions dans chaque région. L'existence de ces institutions a joué un rôle indéniable dans le développement des études généalogiques. D'une part, celles-ci réclamaient des familles la production de documents généalogiques et souvent le recours à des expertises. Il est ainsi significatif de noter que la date de fondation de l'*Istituto Araldico Romano*, en 1853, coïncide avec l'adoption du décret pontifical modifiant les règles d'inscription

[16] En Piémont, la *Camera dei conti*, en tant que tribunal du contentieux administratif, était compétente sur la reconnaissance des titres nobiliaires.

dans le livre d'or de la noblesse romaine et instituant la *Congregazione Araldica*. D'autre part, ces institutions nécessitaient pour la réalisation de leurs tâches de recourir à des experts généalogistes qui y trouvaient une reconnaissance officielle. La plupart des grands noms de la généalogie étaient membres de la *Consulta Araldica* ou des commissions régionales. Depuis la réforme de 1887, la *Consulta* pouvait en outre faire appel à un nombre illimité de correspondants extérieurs : en 1906, elle en comptait ainsi 46 répartis dans toutes les régions.

La noblesse n'était toutefois pas la seule responsable ni la seule cible du renouveau généalogique. Un autre facteur résidait dans la diffusion sociale de l'usage de la généalogie et des blasons, au moment où la noblesse, certes affaiblie juridiquement, politiquement et même socialement, restait le modèle dominant. Un témoignage littéraire nous en est fourni par les pages du *Guépard*, dans lesquelles Giuseppe Tomasi di Lampedusa met en scène les discussions pour le mariage de Trancredi et Angelica. Lorsque Don Calogero entend démontrer au prince Salina que les Sedara sont nobles eux aussi, en prétendant avoir « tous les papiers en règle dans [ses] tiroirs » pour prouver ses liens avec la famille Sedara del Biscotto dont le titre avait été concédé par le roi Ferdinand IV sur les ségréages du port de Mazzara, sa « sortie héraldique » ne provoque chez le prince qu'un rire réprimé et un peu de nausée. Ce mépris n'était pas propre à la vieille et authentique noblesse. Les écrits de généalogistes sont remplis de commentaires ironiques sur ce phénomène de démocratisation. Ainsi Giustino Colaneri :

> Tout paradoxal qu'il soit, un constat s'impose : à mesure que la démocratie se déploie, le nombre des répertoires héraldiques officiels et non-officiels s'accroît, et on voit partout en Italie pousser comme des champignons les écus, les couronnes, les livres d'or et que sais-je encore, toutes ces choses qui n'ont de commun avec les anciennes institutions aristocratiques que le nom. Après que la Révolution française a signé la ruine de la féodalité en abolissant les privilèges et en supprimant jusqu'aux titres honorifiques des cités, il était judicieux et même louable de relancer l'étude de l'héraldique, branche très importante de l'histoire des temps anciens ; mais les créations modernes de l'héraldique démocratique, les gros écus, les couronnes murales et jusqu'aux faisceaux de licteurs et au bonnet phrygien, n'ont pas de sens, et il est bien difficile de les prendre au sérieux.[17]

[17] Giustino Colaneri, *Bibliografia araldica e genealogica d'Italia*, *op. cit.*, p. XI.

L'époque post-révolutionnaire connaissait donc deux évolutions parallèles liées à la démocratisation des usages héraldiques : d'un côté l'augmentation de la demande de blasons, donc de l'intérêt pour l'histoire de l'héraldique et les généalogies nobiliaires, et la « décadence » voire la perversion de l'art héraldique. Les charges contre les effets débilitants la démocratisation étaient récurrentes dans les ouvrages d'expert. Goffredo di Crollalanza, après avoir regretté l'ignorance des familles nobles sur leur propre blason, prenait encore plus vertement à partie les créations de l'héraldique moderne :

> Pauvres de nous si nous condescendons à examiner les facéties de l'héraldique industrielle ! Voyez comment les chapeliers, les fabricants de liqueurs ou de parfums, les pharmaciens, les artisans en tout genre ont réinventé les blasons des familles royales d'Angleterre, d'Espagne, du Portugal, de Grèce et d'Italie ! Une série interminable d'obscénités, de caricatures et de monstruosités héraldiques nous est offerte par les blasons des petites villes et villages de l'Italie.[18]

De la même façon, les généalogistes se plaignaient de la vente de généalogies fantaisistes, à des prix accessibles à presque toutes les bourses (là encore signe d'une demande socialement étendue). *Il Giornale Araldico* se donnait ainsi pour but de fournir une aide et d'offrir une garantie aux reconstructions généalogiques de ses lecteurs. Dès sa deuxième année cependant, ses abonnés demandaient aux rédacteurs « d'être plus regardants au moment d'accueillir des écrits généalogiques qui satisfont l'amour propre de leurs bénéficiaires mais qui n'offrent aucun intérêt pour la majorité des lecteurs ». Désormais, le journal ne publierait plus « d'histoires généalogiques de familles dont le nom n'a jamais dépassé les frontières de la ville d'origine » et distingueraient les histoires familiales méritant un article de celles à qui suffisaient de simples notices généalogiques, « évitant ainsi les panégyriques ennuyeux et infondés, ainsi que les arbres généalogiques indigestes ».

Les travaux d'héraldistes et de généalogistes se donnaient donc pour mission de lutter contre les effets néfastes de la démocratisation des usages. Il n'en restait pas moins vrai que la diffusion sociale des usages héraldiques et généalogiques créait une véritable demande que ne pouvaient ignorer les experts, et surtout leur fournissait un marché dont ils entendaient profiter en publiant des journaux et des ouvrages techniques

---

18 Goffredo di Crollalanza, « Origine e caratteri generali dell'Araldica », dans Felice Tribolati, *Grammatica araldica ad uso degli italiani*, Milan, Hœpli, 1894, p. 40-41.

s'adressant au grand nombre. En publiant son *Enciclopedia araldico-cavalleresca* (1876-1877), Goffredo di Crollalanza revendiquait un but de vulgarisation et s'adressait à un public varié avec des usages distincts. Son livre devait être « utile pour les savants, pour les archéologues et les numismates (pour établir la date d'un monument, d'un sceau ou d'une monnaie) ; utile pour les familles, afin d'interpréter la signification des couleurs ou des emblèmes de leurs armes, pour établir leurs droits ; utile enfin pour les amateurs d'héraldique qui pourront étudier cette science par une méthode facile et à la portée de tous ».

## Entre projet scientifique et idéologie nobiliaire : le sens de la pratique généalogique

Ce qui unissait les acteurs du renouveau de l'héraldique et de la généalogie en Italie était assurément leur volonté de réformer ces disciplines en une science auxiliaire de l'histoire. Ainsi pour Goffredo di Crollalanza, l'art du blason n'était pas « un objet de curiosité pour des hommes superficiels ». Il s'agissait d'une véritable science appuyée sur la paléographie, la sigillographie et la numismatique ; celle-ci devait entrer dans le domaine de l'érudition historique en tant que branche de l'archéologie, et servir à expliquer les mœurs du Moyen Âge, les habitudes de la vie féodale, les lois qui réglaient la guerre et les tournois. Elle était aussi indispensable pour la compréhension des monuments et des tombeaux. À la fin du siècle, l'héraldique italienne n'était plus, aux yeux de Crollalanza, « la science vaine, extravagante, méprisable, à la gloire de l'Olympe aristocratique » qu'elle avait longtemps été. Les dernières décennies avaient en effet vu « le réveil et la transformation [de l'héraldique] grâce à l'action d'écrivains courageux et de patients explorateurs d'archives et de bibliothèques », lesquels avaient dû lutter pas à pas avec « la vieille et antique héraldique » et la « pédanterie » des héraldistes formés à la vieille école. L'héraldique italienne avait ainsi participé d'un renouveau qui s'affirmait partout en Europe, notamment à Vienne, à Berlin et à Paris. Les rénovateurs n'avaient cependant pas à en attendre aucune gloire, car « l'héraldique véritable » était vouée à l'impopularité. La science nouvelle n'avait su conquérir, admettait Crollalanza, « ni le respect des simples citoyens ni la reconnaissance des patriciens ». Ces derniers étaient, par ignorance, « les premiers à corrompre leurs armes familiales », tandis que les premiers se laissaient abuser par les charlatans et les faiseurs de légende, qui n'hésitaient pas à faire remonter les origines des familles « aux héros de Troie ou aux temps bibliques » et qui s'y entendaient à « estropier le langage héraldique de façon à ce que les ignorants de l'art du blason n'y voient que du feu »[19].

Goffredo di Crollalanza a joué un rôle de premier plan dans le renouvellement scientifique de l'héraldique et de la généalogie italienne. Il convient à ce titre de citer un large extrait de son « manifeste-programme pour la nouvelle école héraldique-généalogique » de 1896 :

> La science héraldique considérée non plus comme la glorification d'une caste privilégiée, mais comme une branche de l'archéologie et de l'histoire de l'art ou des mœurs ; Le bon sens et la logique à la place de la fantaisie et du délire ; L'examen critique des faits et des opinions ; Les monuments et les documents authentiques comme seuls témoignages reconnus dignes de fois ; Les légendes et les traditions respectées, mais non acceptées sans bénéfice d'inventaire ; Les sceaux, les tableaux, les sculptures, les tapisseries, les vitraux, les pierres tombales, tous les monuments de l'arts recherchés et pris comme objets d'étude et de publications, de préférence aux dissertations symboliques et aux généalogiques panégyriques des vieux auteurs ; Les divagations astrologiques et cabalistiques laissées aux bons soins des illuminés ; Le blason mythologique, biblique, héroïque, gothique et carolingien repoussé dans la sphère des fables et des épopées ; Le refus d'admettre l'authenticité de tout blason antérieur à l'an Mille ; Les distinctions subtiles, captieuses et pédantes de la vieille école jetées aux oubliettes ; Le langage héraldique, unifié et harmonisé internationalement, selon les formes propres à chaque langue, sur le modèle de la terminologie et de l'héraldique françaises, purgée de ses barbarismes et de ses solécismes, et débarrassé des pléonasmes et des synonymes inutiles.[20]

À l'ambition de fonder la pratique de l'héraldique et de la généalogie sur des critères scientifiques, de façon à en faire « une des sciences auxiliaires de l'histoire et de l'archéologie », se mêlait la volonté de rendre ces disciplines accessibles et les débarrasser de leurs vieux oripeaux nobiliaires.

L'étude des blasons et des généalogies devait également amener à écrire une histoire la noblesse. La science des blasons et l'art héraldique, « ces deux sœurs qui reposent aujourd'hui dans un même caveau avec l'antique chevalerie », devaient ainsi être les deux piliers de cette écriture. Celle-ci faisait pleinement partie des intérêts affichés par *Il Giornale Araldico*, qui se consacrait à l'histoire de la noblesse afin « d'en illustrer les emblèmes et les glorieux symboles, d'en décrire les titres d'honneurs et les décorations

---

[19] *Ibid.*, p. 34-35.

[20] *Ibid.*, p. 30-31.

chevaleresques, de retracer les généalogies des plus illustres familles qui en font partie ». Même si elle se défendait de servir à la glorification d'une caste privilégiée, la nouvelle école défendait ainsi une vision de l'histoire faisant la part belle à l'héritage nobiliaire, « non pas dans le but de ressusciter une aristocratie désormais condamnée par le progrès des mœurs, mais afin de rappeler à la mémoire des contemporaines les nombreuses gloires de leurs aïeux [...] et pour maintenir parmi la multitude le respect et la gratitude que la classe la plus élevée [...] a le droit d'attendre des classes inférieures ». Le journal s'insurgeait parallèlement contre les détracteurs systématiques du passé et de la noblesse, à un moment où régnait contre la noblesse « une persécution impitoyable » alors même que celle-ci « écrasée par les idées démocratiques triomphantes, s'apprêt[ait] peut-être à descendre honorablement dans son tombeau ». De là, la nécessité de prendre sa défense, au nom d'arguments enracinés dans une vision sociale proclamant l'inévitabilité des hiérarchies et le bienfait d'une aristocratie. Tous les hommes étaient certes égaux devant Dieu et devant la loi, mais « prétendre dans les rapports sociaux à l'égalité entre toutes les classes n'[était] rien d'autre qu'une utopie ». Or la noblesse devait encore, aux yeux des rédacteurs du *Giornale*, conserver sa place au sommet de l'échelle sociale. Si elle avait « mérité parfois le blâme et peut-être jusqu'à l'exécration de la multitude, elle a été la plupart du temps la championne invétérée des libertés de cette dernière, et a toujours contribué au progrès des mœurs, des peuples et des nations ». Cette défense et illustration de la noblesse s'accompagnait souvent de charges contre la bourgeoisie, accusée de « combattre avec acharnement l'aristocratie du sang » dans le seul but de la substituer par « une autre aristocratie plus immorale et plus pernicieuse que l'histoire des derniers siècles n'en a produite : l'aristocratie de l'or ». La tonalité antibourgeoise était encore plus prononcée chez les rédacteurs de la *Rivista Araldica*, qui appelaient quant à eux à « mettre un frein à la hardiesse des hommes du tiers état » et, dans un mélange de mépris de classe et d'antisémitisme, à bien distinguer la vraie noblesse de « la nouvelle phalange de comtes ou de barons tout droit sortis du ghetto ».

L'idéologie nobiliaire entretenue par les héraldistes et généalogistes pouvait se ramener à différentes orientations politiques. Le groupe rassemblé autour de l'*Accademia* et du *Giornale* se défendait d'être « les fauteurs nostalgiques d'une époque et d'institutions définitivement révolus et qui ne peuvent ressurgir contre le progrès indéniable que constitue l'organisation civile actuelle ». Il acceptait pleinement la monarchie nationale et libérale avec la dynastie des Savoie, et considérait comme un fait accompli et même bénéfique l'égalité civile. Son but était donc « très éloigné de plaider pour la résurrection des anciens régimes incompatibles avec le bien-être dont chaque classe sociale jouit dans la situation présente ». Pour démontrer leur esprit d'ouverture, les rédacteurs du *Giornale* étaient prêts à faire une place dans leurs colonnes à la noblesse de la vertu et du talent, et à faire la publicité des anoblissements obtenus par le mérite. Tout différent était l'esprit qui régnait au *Collegio araldico* et dans sa *Rivista*. Ce groupe se recrutait dans l'aristocratie « noire » qui était restée fidèle à la papauté et condamnait l'unification nationale. Dans les années 1860, Capogrossi était proche de la faction des *zelanti* qui rejetaient tout compromis avec la nouvelle monarchie italienne et toute réforme de l'État pontifical, et fréquentait assidûment l'émigration légitimiste napolitaine qui se retrouvait au palais Farnèse autour des Bourbons en exil. La *Rivista* affichait des positions intransigeantes et légitimistes, avec une claire orientation contre-révolutionnaire. Elle rejetait le libéralisme et la démocratie, l'égalité civile et le modernisme. Dans son premier numéro, elle exhortait l'aristocratie à rester fidèle « avec une généreuse intransigeance… au principe de la légitimité », et à se tenir loin du « camp adversaire » des libéraux avec « sa nouvelle phalange de comtes et de barons ». Son idéal résidait dans la restauration de la « *civitas christiana* » – le rétablissement des principes chrétiens et de l'autorité de l'Église dans tous les domaines de la société – et dans le respect des hiérarchies, contre les élans sécularisateurs et égalisateurs du libéralisme, tel qu'on le trouvait exprimé dans les milieux les plus intransigeants qui prenaient leur inspiration de la revue jésuite *La Civiltà Cattolica*. Après 1923, la *Rivista* a accordé un soutien enthousiaste à l'autoritarisme de Mussolini dont la politique de conciliation envers la noblesse aboutirait au décret de 1929 rétablissant l'existence légale d'un « statut nobiliaire ».

Le siècle qui va du milieu du XIXe au milieu du XXe siècle a représenté une sorte de nouvel âge d'or de la généalogie nobiliaire et de l'héraldique en Italie. La perte des distinctions juridiques et la remise en cause des positions sociales de la noblesse, la mise en place d'organismes étatiques pour la reconnaissance des titres et la démocratisation des usages héraldiques et généalogiques ont été le moteur de ce renouvellement. Recruté en majorité parmi la petite et moyenne bourgeoisie, ce milieu d'experts généalogistes s'est également attiré la collaboration de segments bourgeois et le patronage de l'aristocratie. À leur initiative, des associations, des revues, des annuaires, des répertoires et des ouvrages techniques ont alors vu le jour, porteurs d'un projet de transformation de l'héraldique et de la généalogie en sciences auxiliaires de l'histoire mais aussi d'une défense de la place de la noblesse dans la société. L'époque fasciste, à la recherche d'une réconciliation entre l'État monarchique et la noblesse à travers une sorte de « fascisme nobiliaire », a vu les derniers feux de ce mouvement.

# Redécouvrir la généalogie et l'héraldique en France (1860-1930).

## Un usage politique au service de la cause « blanche »

Bruno Dumons

À l'heure où la conquête républicaine défait les monarchies du premier XIX^e^ siècle par les révolutions puis le vote, les tenants de l'Ancien Régime s'efforcent de pérenniser leurs influences sociales et culturelles dans les domaines les plus variés de la société française et européenne[1]. Puisant aux sources de la contre-révolution, de la légitimité et du catholicisme intransigeant, les cultures politiques « blanches » se perpétuent tout au long du XIX^e^ siècle en cherchant à investir des secteurs clefs comme l'école, l'agriculture et la presse. Elles se déploient grâce au dynamisme des réseaux familiaux et à l'intensité des voyages effectués dans l'Europe entière. Elles opèrent également dans le champ de la mémoire par l'érection de lieux symboliques et la production d'une littérature apologétique. Le recours à l'histoire et au culte du passé constitue aussi un usage politique fréquent en ces temps romantiques, aussi bien dans les noblesses traditionnelles que les bourgeoisies républicaines[2]. L'érudition historique, la quête

Je remercie chaleureusement Carol E. Harrison et François Weil pour leur relecture attentive.

1 Lucien Bély (dir.), *La présence des Bourbons en Europe (XVI^e^-XXI^e^ siècle)*, Paris, Presses universitaires de France [désormais PUF], 2003 ; Hélène Becquet et Bettina Frederking (dir.), *La dignité de roi. Regards sur la royauté au premier XIX^e^ siècle*, Rennes, Presses universitaires de Rennes [désormais PUR], 2009 ; Bruno Dumons et Hilaire Multon (dir.), *« Blancs » et contre-révolutionnaires en Europe. Espaces, réseaux, cultures et mémoires (fin XVIII^e^-début XX^e^ siècles). France, Italie, Espagne, Portugal*, Rome, École Française de Rome, 2011 ; Jean-Clément Martin (dir.), *Dictionnaire de la Contre-Révolution*, Paris, Perrin, 2011 ; Matthieu Brejon de Lavergnée et Olivier Tort (dir.), *L'union du trône et de l'autel ? Politique et religion sous la Restauration*, Paris, Presses universitaires Paris Sorbonne, 2012.

2 Jean-Pierre Chaline, *Sociabilité et érudition. Les sociétés savantes en France (XIX^e^-XX^e^ siècles)*, Paris, CTHS, 1995.

antiquaire et l'exaltation des « petites patries » provinciales participent à la fabrication d'un monde ancien, souvent idéalisé et imaginaire, qui aurait disparu avec l'ère des révolutions[3]. Le retour aux recherches généalogiques et héraldiques constitue ici une autre facette de cette quête romantique des origines.

Dans la France du XIX^e^ siècle, les érudits contre-révolutionnaires font de la généalogie et de l'héraldique leur chasse gardée, contrairement à la situation allemande où ce genre de recherches appartient très tôt à l'univers rationnel des sciences auxiliaires de l'histoire[4]. Dans le même temps, la recherche des ancêtres et des racines familiales pénètre largement la culture américaine[5]. Le cas français semble donc particulier et largement méconnu des historiens contemporanéistes[6]. Pourtant, l'étude des lignages et des blasons possède une réelle fonction sociale et politique dans l'Europe médiévale et moderne. Les historiens de ces temporalités y puisent des ressources pour développer de nouvelles recherches, que ce soit en démographie historique ou en histoire sociale et culturelle[7]. À l'inverse,

---

3 Peter Laslett, *Un monde que nous avons perdu. Les structures sociales pré-industrielles*, Paris, Flammarion, 1969 ; Arno Mayer, *La persistance de l'Ancien Régime. L'Europe de 1848 à la Grande Guerre*, Paris, Flammarion, 1983 ; Odile Parsis-Barubé, *La province antiquaire. L'invention de l'histoire locale en France (1800-1870)*, Paris, CTHS, 2011 ; François Ploux, *Une mémoire de papier. Les historiens de village et le culte des petites patries rurales (1830-1930)*, Rennes, PUR, 2011.

4 Si la bibliographie générale portant sur l'univers généalogiste et héraldiste dans la France du XIX^e^ siècle demeure peu étoffée, elle est pour ainsi dire inexistante sur les usages généalogiques en Allemagne : Walter Koch, « L'évolution des sciences auxiliaires de l'histoire en Allemagne au cours du XIX^e^ siècle », dans Irene Cotta et Rosalia Manno Tolu (dir.), *Archivi e storia nell'Europa del XIX secolo : alle radici dell'identità culturale europea*, Roma, Ministero per i Beni e le Attività culturali, Direzione generale per gli archivi, 2006, p. 837-857.

5 En l'absence de travaux conséquents sur la France, il est encore trop tôt pour procéder à une comparaison avec le cas américain désormais bien exploré : François Weil, *Family trees. A history of genealogy in America*, Cambridge, Harvard University Press, 2013.

6 Par conséquent, cet article se veut davantage exploratoire que problématique car il nécessiterait au préalable une approche transnationale des usages généalogiques dans l'Europe du XIX^e^ siècle.

7 Louis Henry, *Anciennes familles genevoises. Étude démographique (XVI^e^- XX^e^ siècle)*, Paris, PUF, 1956 ; *Annales de démographie historique*, 1984, « Démographie historique et généalogie » ; *Annales ESC*, 1991, n° 4, « La culture généalogique » ; André Burguière, « La généalogie », dans Pierre Nora (dir.) *Les lieux de mémoire*, t. 3, vol. 3, Paris, Gallimard, 1993, p. 20-51 ; Germain Butaud et Valérie Pietri, *Les enjeux de la généalogie (XII^e^-XVIII^e^ siècle). Pouvoir et identité*, Paris, Autrement, 2006. Pour une introduction historiographique stimulante dans le cadre d'une approche européenne : Olivier Rouchon (dir.), *L'opération généalogique. Cultures et pratiques*

les contemporanéistes ne font guère usage de ces savoirs historiques, les laissant volontiers aux amateurs et aux érudits. Parfois, les travaux qui ont renouvelé l'histoire des noblesses et des bourgeoisies y ont eu recours, évoquant les usages sociaux et culturels des généalogies, des nobiliaires et des armoriaux au sein de ces familles[8]. Mais, pour l'essentiel, généalogie et héraldique n'ont suscité que des sentiments de mépris et d'archaïsme, voire de suspicion politique, avant de sombrer dans l'oubli historiographique[9]. Rouvrir le dossier de l'enquête généalogique au XIXe siècle mériterait une réflexion largement européenne et transnationale. Pour y contribuer, nous proposons ici une approche exploratoire des plus modestes, limitée à une lecture essentiellement politique des usages généalogiques et héraldiques dans la France du XIXe siècle.

## La recharge généalogique du second XIXe siècle

Depuis les temps de la première modernité qui en ont fixé les règles et les normes, le travail généalogique a d'abord été un instrument à usage privé, principalement au service des familles soucieuses de pérenniser leur pouvoir et leur influence sur un territoire en soulignant combien l'histoire d'un lignage s'identifie avec l'histoire d'une cité ou d'un royaume[10]. Quant aux recherches sur l'héraldique, elles ont largement subi l'opprobre lancé par les décrets révolutionnaires de 1790 et 1792 supprimant les armoiries en même temps que les titres de noblesse, considérés comme des « signes de féodalité ». La chasse aux armoiries qui s'en suivit en France, s'apparente même à une « terreur héraldique » jusqu'à ce que Napoléon en autorise

*européennes entre XVe et XVIIIe siècle*, Rennes, PUR, 2014, p. 7-28. Dans la même veine historiographique, le colloque récemment organisé : Stéphane Jettot et Marie Lezowski (dir.), *L'entreprise généalogique. Pratiques sociales et imaginaires en Europe (XVe-XIXe siècle)*, Bruxelles, Peter Lang, 2016.

8 Claude-Isabelle Brelot, *La noblesse réinventée. Nobles de Franche-Comté de 1814 à 1870*, Paris, Les Belles Lettres, 1992, t. 2, p. 871-876 ; Éric Mension-Rigau, *Aristocrates et grands bourgeois*, Paris, Plon, 1994.

9 Michel Henry, « Préface », dans Gaston Saffroy, *Bibliographie généalogique, héraldique et nobiliaire de la France des origines à nos jours*, Paris, Saffroy, 1968, t. 1, p. VII.

10 Olivier Zeller, *Une famille consulaire lyonnaise de l'Ancien Régime à la Troisième République : les Brac. Racines, alliances, fortunes*, Lyon, Association Famille Brac de la Perrière, 1988, 4 vol. ; Olivier Rouchon, « L'enquête généalogique et ses usages dans la Toscane des Médicis. Un exemple pisan de 1558 », *Annales. Histoire, Sciences sociales*, 1999, 54, n° 3, p. 705-737 ; Olivier Rouchon (dir.), *L'opération généalogique*, *op. cit.*, p. 18 et s.

de nouveau l'usage, souhaitant le réserver à la noblesse impériale[11]. C'est ainsi qu'est créé le Conseil du Sceau des Titres pour statuer sur la validité des anoblissements. Suspendu à la Restauration, il est rétabli en 1859 pour être supprimé en 1872. C'est précisément dans la décennie 1860 que l'héraldique retrouve des couleurs avec une nouvelle génération d'érudits passionnés. Ces derniers qui travaillent isolément, reclus dans des châteaux et des manoirs de province, appartiennent pour la plupart à d'anciens lignages nobles, cultivant la nostalgie d'Ancien Régime et la culture contre-révolutionnaire.

L'un d'eux, un certain Bonneserre de Saint-Denis, généalogiste-paléographe, ancien rédacteur de *L'Union de l'Ouest*, lance en 1862 la *Revue nobiliaire, héraldique et biographique* dans le but de rétablir les vérités sur « ce malheureux Ancien Régime qui s'est vu chargé de toutes les malédictions » et de restaurer le blason de « notre vieille France, si catholique, si chevaleresque et si monarchique »[12]. Cette mission politique comparable à celle d'un journaliste ou d'un publiciste, consiste à « ouvrir, étudier, fouiller [...] nos poudreux cartulaires, nos riches archives féodales et ces manuscrits inédits et ces volumineux ouvrages que lui consacrèrent de toute antiquité des écrivains aussi spéciaux qu'érudits »[13]. Le premier article du fondateur de cette revue porte sur « l'origine de la fleur de lys » comme armoirie de la Maison de France[14]. Le ton est donné. Dirigée par Louis Sandret à partir de 1865, cette publication est considérée comme l'une des principales revues sur les armoiries, les blasons et la noblesse[15]. Elle compte plus de deux cents abonnés à la fin du Second Empire parmi lesquels de nombreux représentants de lignages nobles engagés dans le combat monarchiste. Citons simplement le marquis de Belleval qui a suivi le comte de Chambord dans ses exils politiques ou Oscar de Poli qui a livré bataille pour la défense des États pontificaux[16]. La revue cesse en 1880 et se mue en un *Bulletin de la Société Héraldique et Généalogique de*

---

11 Albert Reverend, *Armorial du Premier Empire. Titres, majorats et armoiries concédés par Napoléon I*er, Paris, L'Annuaire de la noblesse, 1894-1897 ; Michel Pastoureau, *Figures de l'héraldique*, Paris, Gallimard, 1996, p. 36-38 ; Natalie Petiteau, *Élites et mobilités. La noblesse d'Empire au XIX*e *siècle (1808-1914)*, Paris, La Boutique de l'Histoire, 1997, p. 20-21.

12 *Revue nobiliaire, héraldique et biographique*, 1862, t. 1, p. 15.

13 *Ibid.*, p. 15-16.

14 *Ibid.*, p. 41-46.

15 Gaston Saffroy, *Bibliographie généalogique, héraldique et nobiliaire de la France*, t. 1, Paris, Saffroy, 1968, p. 438.

16 Marquis de Belleval, *De Venise à Frohsdorf. Souvenirs et récits*, Paris, Dentu, 1880.

*France* grâce à la ténacité de l'un de ses collaborateurs, Louis de La Roque. Cet avocat parisien est aussi un généalogiste de renom qui a acquis une solide réputation en publiant avec Édouard de Barthélémy, historien et notable politique champenois, une importante série d'armoriaux et de nobiliaires provinciaux[17].

## Oscar de Poli et le Conseil Héraldique de France

Cette frénésie généalogique est justement contemporaine du renouveau légitimiste qui se manifeste au milieu du XIX^e^ siècle[18]. Un peu partout, émergent des « éplucheurs » d'archives familiales et privées, souvent isolés, dont certains seront des fonctionnaires frappés de révocation ou poussés à la démission pour n'avoir pas prêté serment d'allégeance à la nouvelle République. Parmi eux se distingue le vicomte Oscar de Poli[19]. Issu d'un lignage du Saintonge anobli par le Saint-Siège, cet homme de lettres et administrateur s'engage dès 1860 dans le corps des zouaves pontificaux. Blessé gravement à Castelfidardo, il publie à son retour un livre de souvenirs dont une première édition sort dans *La Gazette de France* puis des ouvrages à succès sur son expérience combattante[20]. Fait comte romain en 1863, il collabore à la *Revue nobiliaire* en livrant des recherches généalogiques fort documentées sur quelques familles de la noblesse normande[21]. Nommé plusieurs fois sous-préfet entre 1871 et 1873, il devient préfet du Cantal en 1877. Son zèle antirépublicain et ses invocations contre Gambetta lui valent d'être révoqué au bout de six mois. Il poursuit son combat en organisant des banquets et des réunions royalistes tout en collaborant à divers journaux[22]. Une fois la bataille

17 Louis DE LA ROQUE, *Armorial de la noblesse du Languedoc. Généralité de Montpellier*, Paris, Didot-Dentu, 1860 et avec Édouard DE BARTHÉLÉMY les *Catalogue des gentilshommes de Dauphiné* (1861), *Franche-Comté* (1863), *de Normandie* (1864), *de Périgord* (1865), *d'Alsace* (1865), *de Bretagne* (1865)…

18 Hugues DE CHANGY, *Le mouvement légitimiste sous la Monarchie de Juillet (1833-1848)*, Rennes, PUR, 2005.

19 Gustave VAPEREAU, *Dictionnaire universel des contemporains*, Paris, Hachette, 1893, p. 1263-1264.

20 Oscar DE POLI, *Souvenirs du bataillon des zouaves pontificaux (franco-belges)*, Paris, s. éd., 1861 ; *De Paris à Castelfidardo*, Paris, Lévy, 1866 ; *Les soldats du pape (1860-1867)*, Paris, Amyot, 1868.

21 *Revue nobiliaire, héraldique et biographique*, 1868, t. 4, p. 97 et s.

22 Conférence prononcée le 17 février 1884 sur *la République et la Monarchie*, Arras, Imprimerie de la Société du Pas-de-Calais, 1884 ; *La royauté, les républiques*, Paris, Bureaux de *La Civilisation*, 1881 ; *Fleur de Lis*, Paris, Gautier, 1886.

perdue, il mène des travaux littéraires et des études généalogiques qui constituent pour lui d'autres espaces de politisation.

Oscar de Poli fonde en 1885 le Conseil Héraldique de France qui a pour vocation de regrouper les passionnés de généalogie et d'héraldique, isolés dans leurs recherches et souvent nostalgiques de la monarchie[23]. Il s'agit également de faire reconnaître le savoir généalogique comme une science et de légitimer l'utilité de ces recherches auprès des familles nobles[24]. La généalogie devient aussi un outil politique au service de l'écriture d'une historiographie à la fois nationale et domestique[25]. Oscar de Poli rappelle d'ailleurs dans une dédicace offerte à son gendre, le comte Jean de Neufbourg, combien l'acquisition de cette science érudite demeure liée à sa « foi patriotique et monarchique »[26]. En trois ans, le Conseil Héraldique de France (CHF) compte plus de deux cents membres, la plupart d'ascendance nobiliaire, enracinés dans les provinces de France, attachés pour la plupart à défendre les idées de l'Ancien Régime, de l'agrarisme conservateur et de la cause pontificale.

Parmi eux sont représentés plusieurs lignages nobles du Lyonnais et de Provence, marqués du sceau de la légitimité et de la fidélité. Citons par exemple quelques châtelains du Forez, membres de La Diana à Montbrison : Maurice de Boissieu, installé au château de La Doue à Saint-Galmier qui se fera plus tard l'historien de la chapelle expiatoire des Brotteaux[27], les trois propriétaires agrariens que sont le comte Jean de Neufbourg au château de Beauvoir à Boën, le comte Joseph Palluat de Besset au château de La Salle à Nervieux et le comte Léon de Poncins au château du Palais à Feurs[28]. Sur ce modèle de généalogiste-châtelain, Paul

---

23 *Annuaire du Conseil Héraldique de France*, 1888, p. 2.

24 *Ibid.*, p. 4-5.

25 Oscar de Poli, *Essai d'introduction à l'histoire généalogique*, Paris, Conseil Héraldique de France, 1887 ; Ernest de Cornulier, *Des généalogies, leur utilité sociale et domestique*, Orléans, Herluison, 1893.

26 *Ibid.*, p. 5-6.

27 Maurice de Boissieu, *Le monument religieux des Brotteaux. Historique. Liste des victimes du siège de Lyon en 1793*, Lyon, Audin, 1925 ; Robert Poidebard, *Maurice de Boissieu. Sa vie et ses œuvres (1844-1933)*, Lyon, Société des Bibliophiles Lyonnais, 1934 ; Paul Chopelin, « Une mémoire blanche de la Terreur. Le monument des Brotteaux à Lyon », dans Bruno Dumons et Hilaire Multon (dir.), *« Blancs » et contre-révolutionnaires en Europe*, *op. cit.*, p. 177-196 ; Joseph-Michel Charlat, « Lyon (1879-1906). Le long conflit de la chapelle expiatoire des Brotteaux », *Revue d'Histoire de l'Église de France*, juillet-décembre 2013, p. 317-340.

28 Henri Gerest, *Ainsi coule le sang de la terre. Les hommes et la terre en Forez (XVIII$^e$-XX$^e$ siècles)*, Saint-Étienne, Publications de l'Université de Saint-Étienne, 2005.

de Varax met son érudition au service de plusieurs lignages du Beaujolais depuis son château de Rochefort à Amplepuis. Se distinguent également des notables catholiques lyonnais, proches des Facultés Catholiques, tels que Noël Le Mire et William Poidebard, chacun incarnant la cause monarchiste et pontificale. Chez les provençaux du CHF, l'écrivain et érudit Paul de Faucher est un ancien zouave, reconverti dans la recherche historique et généalogique au château du Monard près de Montélimar. Le notaire Jules de Terris en Avignon et le baron Scipion du Roure au château de Barbegal en Arles s'illustrent, eux aussi, dans la généalogie nobiliaire. À Marseille, l'archiviste François Marin de Carranrais emploie son temps à reconstituer certains vieux lignages nobles de la ville.

Le succès est donc au rendez-vous. Devenu très vite un lieu de sociabilité monarchiste et contre-révolutionnaire où l'on déplore la perte du statut nobiliaire et l'acharnement républicain à éradiquer les distinctions d'Ancien Régime[29], le CHF porte le blason de la fleur de lys. Il s'est progressivement érigé en une instance reconnue pour l'authentification des titres de noblesse. Il participe à la régulation et à l'expertise des normes définissant le premier ordre dans une société devenue démocratique. Cette nouvelle structure se double à partir de 1898 d'une *Revue des questions héraldiques, archéologiques et historiques* qui a pour fonction de faire état des nombreuses recherches qui se déploient en France. En effet, il n'est jamais autant paru d'armoriaux et de nobiliaires qu'au temps de la République. Il s'agit par-là de répondre à un sentiment de nostalgie qui pénètre les élites provinciales mais aussi de faire face à des tentatives d'usurpation de titres. Le prestige de la noblesse attire les convoitises bourgeoises. La distinction entre « vraie » et « fausse noblesse » s'impose et nécessite la publication de dictionnaires savants, chargés de débusquer les impostures[30]. Oscar de Poli demeure très attaché à cette mission de « gardien du temple ». Cependant, il échoue à la pérenniser. Sa disparition en 1908 emporte le CHF et la revue qui ne lui survivent pas. Ce sera son petit-fils, Guy Courtin de Neufbourg, qui réussira à le faire d'une autre manière en créant l'Association d'Entraide de la Noblesse Française (ANF)[31]. Cependant,

---

29 Oscar de Poli, « La noblesse de France (1789-1889) », *Annuaire du Conseil Héraldique de France*, 1889, p. 39-103.

30 Monique de Saint-Martin, *L'espace de la noblesse*, Paris, Métailié, 1993, p. 74-75.

31 Alix, fille d'Oscar de Poli, épouse en 1887 le comte Jean de Neufbourg, membre du CHF. Son fils Guy sera un passionné de cartulaires et de généalogie. Il publiera de nombreuses chartes avec le concours de Marguerite Gonon et sera également

le CHF compte à cette date environ cinq cents membres parmi lesquels bon nombre de représentants des noblesses européennes et provinciales de France. Ils incarnent le savoir généalogique et héraldique qui s'affiche désormais comme une marque de distinction à la fois sociale et politique. Devenir généalogiste ou héraldiste avant 1914 s'apparente donc le plus souvent à un acte d'engagement militant, au service de la cause monarchiste. Cette forme de politisation demeure encore mal connue. À titre d'exemple, un repérage des auteurs d'armoriaux et de nobiliaires, rattachés aux anciennes provinces du Sud-Est de la France, et une analyse de leurs motivations permettent d'éclairer le processus qui a conduit un savoir érudit à s'enfermer dans un univers politique et culturel jusque dans les années 1930 avant de retrouver un élan et de se démocratiser au second XXe siècle[32].

## Armoriaux et nobiliaires du Sud-Est de la France

Comme partout en France, le grand Sud-Est trouve dès la décennie 1860 des érudits avides de généalogie et d'héraldique pour élaborer et publier des armoriaux et des nobiliaires. Cet espace est composé d'une dizaine de provinces d'Ancien Régime et d'États pontificaux qui ont été recomposés en départements à la Révolution. Faire revivre le souvenir de ces anciens territoires par l'histoire généalogique et héraldique des vieux lignages nobles qui s'y rattachent, c'est contribuer à une historiographie largement contre-révolutionnaire et entretenir la mémoire d'une culture politique « blanche » au sein de ces familles qui revendiquent leur attachement à la légitimité sur l'ensemble des anciennes provinces du Sud-Est.

### *Bourgogne, Bresse et Forez*

Au nord de cet espace, dans le couloir de la Saône, deux personnalités férues d'histoire locale se distinguent dans la publication de deux ouvrages généalogiques importants. La première est un magistrat

un des promoteurs de l'ANF en 1932 : Bruno Dumons et Éric Mension-Rigau, « Conserver l'identité nobiliaire dans la France contemporaine », dans Didier Lancien et Monique de Saint-Martin (dir.), *Anciennes et nouvelles aristocraties de 1880 à nos jours*, Paris, MSH, 2007, p. 221-243.

32 Pierre Durye, *La généalogie*, Paris, PUF, 1961. Chartiste et conservateur aux Archives nationales, il devient expert auprès de l'ANF comme président de la « commission des preuves ».

et historien du droit, Henri Beaune. En publiant cette recherche généalogique et héraldique en forme de dictionnaire biographique sur la noblesse de Bourgogne avant 1789, ce procureur général de Dijon a le souci de rappeler quelle fut l'importance sociale du corps nobiliaire et combien les assemblées du premier ordre auraient été à l'origine du régime représentatif[33]. Les convictions monarchistes de l'auteur sont évidentes. Elles lui valent d'ailleurs d'être révoqué en 1879. Il rejoint alors l'avocat légitimiste Lucien Brun dans la création de la faculté de droit de l'Université Catholique de Lyon sur une chaire de droit coutumier et constitutionnel[34]. Il le remplacera dans la fonction de doyen[35] et deviendra un collaborateur actif de la *Revue Catholique des Institutions et du Droit*, d'essence contre-révolutionnaire[36]. Son éloge est fait par son successeur aux Facultés Catholiques, l'avocat et professeur Charles Jacquier, chantre de la légitimité monarchique[37]. La seconde personnalité à produire un travail comparable en 1865 est Adrien Arcelin. C'est un chartiste et un archéologue scrupuleux, faisant œuvre d'historien, sans arrière-pensée politique[38]. Il désire tout au plus pérenniser l'esprit familial qui tendrait, selon lui, à disparaître en ces temps démocratiques[39].

Dans le même temps, les provinces voisines de la Bresse et des Dombes donnent lieu à la publication d'un nobiliaire de l'Ain (1862) et d'un armorial historique (1872). Le premier est le fruit du travail de l'archiviste du département, Jules Baux[40]. Archéologue et historien de

---

33 Henri Beaune et Jules d'Arbaumont, *La noblesse aux États de Bourgogne de 1350 à 1789*, Dijon, Lamarche 1864, p. I-VII.

34 Henri Beaune, *Droit coutumier français : introduction historique*, Paris, Delhomme et Briguet, 1894.

35 Henri Beaune, *Lucien Brun*, Paris, Lecoffre, 1901.

36 Bruno Dumons, « Jurisconsultes et professeurs de droit à l'Université Catholique de Lyon. Réseaux sociaux et cultures politiques (1870-1940) », dans Jean-Christophe Gaven et Frédéric Audren (dir.), *Les facultés de droit de province aux XIX*e *et XX*e *siècles*, t. 3, Toulouse, Presses de l'Université Toulouse 1 Capitole, 2011, p. 43-58.

37 Charles Jacquier, *Henri Beaune. Notes intimes sur sa vie et ses œuvres*, Lyon, Rey, 1917.

38 Il contribue activement aux fouilles du site préhistorique de Solutré : Adrien Arcelin, *Les fouilles de Solutré*, Mâcon, Académie de Mâcon, 1873 ; *Saône-et-Loire. Dictionnaire. Annuaire et album*, Paris, Jouve, 1897.

39 Adrien Arcelin, *Indicateur héraldique et généalogique du Mâconnais*, Mâcon, Durand, 1865, p. V-XXV.

40 Jules Baux, *Nobiliaire du département de l'Ain (XVII*e*-XVIII*e *siècles), Bresse et Dombes*, Bourg-en-Bresse, Martin-Bottier, 1862. Un second volume est édité en 1864 sur le Bugey et le Pays de Gex ; *Dictionnaire général de biographie contemporaine française et étrangère*, Paris, Dreyfous, 1878, p. 95.

formation, ce fonctionnaire de l'Empire n'a d'autre souci que de servir la recherche érudite. Le second est l'œuvre d'Edmond Réverend du Mesnil, alors juge de paix à Meximieux. Ce magistrat comble son ennui et ses modestes revenus en apportant sa pierre « au grand édifice des histoires provinciales » tout en ne cachant pas ses intentions de réhabiliter l'institution nobiliaire[41]. Révoqué lui aussi de ses fonctions en 1879, il s'installe au château du Daron à Oyé en Brionnais, non loin de sa belle famille Courtin de Neufbourg, et se consacre entièrement à des travaux historiques et généalogiques sur le Forez. Il fonde à partir de 1881 une revue *L'Ancien Forez* qui rassemblera des travaux de généalogistes renommés[42]. Il trouve sur la terre du Forez de solides appuis au sein de la noblesse provinciale, d'abord chez les Courtin de Neufbourg mais également auprès d'Antoine de Meaux et d'Hippolyte de Charpin-Feugerolles. Ce dernier est l'auteur de généalogies familiales et en 1882 d'un cartulaire des francs-fiefs du Forez pour lequel il a consacré beaucoup de temps après son retrait de la vie politique[43]. Député de la Loire au Corps Législatif, maire et conseiller général, propriétaire du château de Feugerolles, il a longtemps défendu les principes de la monarchie au sein des sociétés savantes qu'il fréquente, notamment La Diana, principale société savante du Forez. Son secrétaire et archiviste Louis-Pierre Gras, passionné d'histoire et d'ethnographie locales, proche de plusieurs familles nobles foréziennes, s'emploie à la rédaction d'un armorial du Forez[44]. La noblesse du Forez a donc elle aussi suscité des publications généalogiques et héraldiques dont la plus aboutie s'inscrit dans le cadre plus vaste de l'ancienne généralité du Lyonnais, Forez et Beaujolais.

## *Lyonnais et Beaujolais*

Car c'est à Lyon que s'est constituée au milieu du XIX^e^ siècle une véritable « école généalogique » autour d'écrivains et de dessinateurs,

---

41 Edmond Reverend du Mesnil, *Armorial historique de Bresse, Bugey, Dombes, Pays de Gex, Valromey et Franc-Lyonnais*, Lyon, Vingtrinier, 1872, p. II, XII et 562.

42 Parmi les collaborateurs : Oscar de Poli, Antoine Vachez et Vital de Valous.

43 Madame la Comtesse de Charpin-Feugerolles, *Notice historique sur le château de Feugerolles et sur les familles qui l'ont possédé*, Lyon, Perrin, 1878 ; Hippolyte de Charpin-Feugerolles, *Cartulaire des francs-fiefs du Forez*, Lyon, Perrin, 1882 ; *Bulletin de La Diana*, avril-septembre 1894, p. 308-311 et 332-338.

44 Louis-Pierre Gras, *Répertoire héraldique ou Armorial général du Forez*, Lyon, Mougin-Rusand, 1874.

d'historiens et d'érudits comme l'avocat Antoine Vachez[45], le bibliothécaire Vital de Valous[46], l'archiviste André Steyert[47]. Ce dernier qui deviendra une figure emblématique de l'histoire lyonnaise, édite en 1860 un armorial général[48]. Ce travail d'envergure, doté de plus de trois mille notices, s'efforce de distinguer les lignages nobles des familles bourgeoises. L'érudition est ici au service de l'histoire d'une capitale et d'une région[49]. C'est ce que fait également Vital de Valous avec ses études sur les origines des familles consulaires de la ville, un nobiliaire lyonnais et la fausse noblesse[50]. Toutes ces recherches généalogiques reçoivent l'appui des milieux érudits de la ville à l'image de Léon Galle, président-fondateur de la Société des Bibliophiles Lyonnais et directeur de la *Revue du Lyonnais*, proche des cercles catholiques intransigeants[51].

Plus politiques encore sont les entreprises menées par William Poidebard et Henri de Jouvencel. Le premier appartient à cette « école généalogique lyonnaise » aux accents traditionnalistes[52]. Issu d'une famille forézienne, élève des jésuites de Mongré puis zouave pontifical, William Poidebard poursuit son combat pour la défense de la monarchie et du pape en se réfugiant dans le monde des antiquaires et

---

45 Il fréquente Hippolyte de Charpin-Feugerolles par l'Académie de Lyon : Antoine Vachez, *Éloge funèbre du comte de Charpin-Feugerolles*, Lyon, Société des Bibliophiles Lyonnais, 1898.

46 Antoine Vachez, *Vital de Valous, sa vie et ses œuvres*, Lyon, Pitrat, 1884.

47 Robert Poidebard, « L'école généalogique lyonnaise (1840-1940) », *Mémoires de l'Académie des Sciences, Belles-Lettres et Arts de Lyon*, t. 24, 1945, p. 77-140 ; Abbé Vachet, *Nos Lyonnais d'hier*, Lyon, Chartreux, 1910 ; Pierre-Yves Saunier, *L'esprit lyonnais (XIX^e^-XX^e^ siècles)*, Paris, Éditions du CNRS, 1995.

48 André Steyert, *Armorial général du Lyonnais, Forez et Beaujolais*, Lyon, Augustin Brun, 1860. Il collabore régulièrement avec le comte de Charpin-Feugerolles, Antoine Vachez et Vital de Valous.

49 *Ibid.*, p. V-XIX ; Charles Guillemain, *André Steyert (1830-1904). Dessinateur, héraldiste, archéologue, historien et journaliste lyonnais*, Lyon, Imprimeries Réunies, 1955.

50 Vital de Valous, *Les origines des familles consulaires de la ville de Lyon depuis l'établissement de la commune jusqu'en 1790*, Lyon, Auguste Brun, 1863 ; Vital de Valous, *Essai d'un nobiliaire lyonnais ou rôle des familles nobles existantes et représentées dans l'ancienne circonscription de la généralité de Lyon*, Lyon, Auguste Brun, 1864 ; Vital de Valous, *Recherches des usurpateurs de titres de noblesse dans la généralité de Lyon*, Lyon, Brun, 1882.

51 Alexandre Poidebard, *Léon Galle, fondateur et ancien président de la société des bibliophiles lyonnais (1854-1914)*, Lyon, Brun, 1918. Cousin de William, Alexandre Poidebard est un jurisconsulte de l'Université Catholique de Lyon.

52 Robert Poidebard, « L'école généalogique lyonnaise (1840-1940) », art. cit., p. 95 et 111.

des bibliophiles, collaborant à des revues savantes et rédigeant plusieurs généalogies familiales dont il publie un bilan en 1896[53]. L'ouvrage entre également dans l'art héraldique. La vie de William Poidebard incarne un modèle d'engagement militant au service de la cause « blanche et pontificale », parfaitement résumée par ses vieux amis Léon Galle et Maurice de Boissieu, tous anciens élèves du collège de Mongré[54]. Le second, Henri de Jouvencel, revendique lui aussi l'appartenance à cette « école généalogique lyonnaise » avec la publication successive de deux volumes majeurs sur les assemblées de la noblesse en Lyonnais (1907) et en Forez (1911). Docteur en droit[55] et jeune conseiller à la Cour des Comptes, aux ascendances dauphinoises[56], il explique en préambule la finalité de ses recherches qui consiste à réévaluer le rôle exercé par les familles nobles « à l'heure du drame de l'évolution moderne commencée dans les esprits du XVIII^e^ siècle, brusquée par le mouvement de 1789 » et à considérer la grandeur de la société d'Ancien Régime que la Révolution a mis à bas[57]. La noblesse lyonnaise aura fait de Lyon une autre Vendée. Ainsi, de nombreuses notices familiales comportent la mention « mort victime de la Terreur », ce qui en fait aussi un martyrologe contre-révolutionnaire[58]. Quatre ans plus tard, Henri de Jouvencel fait paraître un ouvrage complémentaire sur l'assemblée de la noblesse du Forez avec une finalité semblable. Il est le fruit d'une collaboration étroite de plusieurs membres de « l'école lyonnaise » dont Marcel Flachaire de Roustan, le frère de Régis qui milite à l'Action Française, Claude-Noël Desjoyaux, un érudit de Montbrison à qui

---

53 William Poidebard, *Notes héraldiques et généalogiques concernant le Lyonnais, le Forez et Beaujolais*, Lyon, Société des Bibliophiles Lyonnais, 1896.

54 Léon Galle prononce son éloge funèbre à Davézieux (25 juin 1902) : *Bulletin de La Diana*, juillet-décembre 1902, p. 132-136 ; Maurice de Boissieu, *William Poidebard, sa vie et ses travaux*, Lyon, Société des Bibliophiles Lyonnais, 1903.

55 Sa thèse de droit porte sur une personnalité importante du système fiscal monarchique : Henri de Jouvencel, *Le contrôleur général des finances sous l'Ancien Régime*, Paris, Larose, 1901.

56 Il se consacrera surtout à des généalogies de famille : Henri de Jouvencel, *Recherches historiques, généalogiques et biographiques sur les Jouvencel. Du Briançonnais piémontais en Île-de-France, mémorial d'une famille*, Villeconin, chez l'auteur, 1940 ; *Bulletin de l'Académie Delphinale*, 1951, p. 267-309 ; *Bulletin de l'Académie Delphinale*, novembre 1960, p. CXLII-CXLIII ; *Bulletin de l'Académie Delphinale*, octobre 1962, p. 164-166.

57 Henri de Jouvencel, *L'assemblée de la noblesse de la sénéchaussée de Lyon en 1789. Étude historique et généalogique*, Lyon, Brun, 1907, p. V-VI.

58 *Ibid.*, p. XI-XIII.

revient l'avant-propos dans lequel il loue l'inébranlable fidélité des familles nobles du Forez à la royauté[59] et Paul de Varax. Ce dernier s'était jusque-là consacré à des travaux sur le Beaujolais et à quelques livres de famille[60]. À son décès en 1912, ses recherches trouvent un successeur en la personne de Raoul de Clavière qui aboutissent en 1935 à un ouvrage sur les assemblées du Beaujolais tenues en 1789[61]. Lui aussi généalogiste de « l'école lyonnaise », il demeure longtemps épris de monarchie depuis son château de Jarnioux où il s'emploie à entretenir le souvenir de son parent, l'avocat Louis de Longevialle qui fut une figure du parti royaliste à Lyon[62]. Œuvrant entre Lyonnais, Forez et Beaujolais, « l'école généalogique lyonnaise » a donc produit pendant presque un siècle l'essentiel des armoriaux et des nobiliaires régionaux, unie par une même communauté de vie et d'engagements politiques[63].

### Savoie et Dauphiné

Tout juste devenue française, la Savoie s'est elle aussi dotée de solides recherches héraldiques et généalogiques concernant sa noblesse. Le principal artisan aura été le comte Amédée de Foras, un érudit passionné par la science du blason[64]. Issu d'une vieille famille chablaisienne, ce monarchiste convaincu entreprend cette quête des origines pour signifier combien les familles nobles ont été le rempart de l'identité du pays savoyard dont il revendique sans cesse l'appartenance[65]. Son

---

59 Henri de Jouvencel, *L'assemblée de la noblesse du bailliage de Forez en 1789. Étude historique et généalogique*, Lyon, Brun, 1911, p. IX et 77.

60 *Documents pour servir à l'histoire du Beaujolais*, Lyon, Albert, 1878 ; *Généalogie de la maison de Sainte-Colombe, ses alliances et ses seigneuries*, Lyon, Albert, 1881 ; *Histoire d'Amplepuis depuis l'époque gauloise jusqu'en 1789*, Lyon, Mougin-Rusand, 1896 ; *Généalogie de la Famille de Pomey*, Lyon, Waltener, 1899, *Généalogie des Rivérieulx*, Lyon, Waltener, 1899 ; *La maison d'Arod, branche de Montmelas, accompagnée de fragments généalogiques concernant la région lyonnaise*, Lyon, Waltener, 1900.

61 Raoul de Clavière, *Les assemblées des trois ordres de la sénéchaussée de Beaujolais en 1789. Étude historique et généalogique*, Lyon, Badiou-Amant, 1935.

62 Raoul de Clavière, *Louis de Longevialle. Notice biographique*, Mâcon, Protat, 1938.

63 La plupart des membres de « l'école généalogique lyonnaise » confessent une foi monarchique et résident dans le quartier d'Ainay : Robert Poidebard, « L'école généalogique lyonnaise (1840-1940) », art. cit., p. 100 et 107 ; Bruno Dumons, « Ainay, le quartier "blanc" de Lyon », dans Bruno Dumons et Hilaire Multon (dir.), *« Blancs » et contre-révolutionnaires en Europe*, *op. cit.*, p. 105-131.

64 Amédée de Foras, *Le blason. Dictionnaire et remarques*, Grenoble, Allier, 1883.

65 Amédée de Foras, *Armorial et nobiliaire de l'ancien duché de Savoie*, 6 vol., Grenoble, Allier Frères, 1863-1938.

engagement politique est celui d'un catholique légitimiste qui le conduit à la cour de Ferdinand de Saxe Cobourg et Gotha, prince de Bulgarie. Depuis Sofia, il continue son œuvre en publiant le troisième volume (1893) de son armorial qu'il n'aura de cesse de compléter jusqu'à sa mort en 1899[66].

Dans la province voisine du Dauphiné, Louis de La Roque et Édouard de Barthélémy ont publié dès 1861 une première édition de leur collection du *Catalogue des gentilshommes qui ont pris part aux assemblées de la noblesse de 1789.* Très vite, suit un armorial avec les travaux menés par Gustave de Rivoire de La Batie. Proche des maîtres de « l'école lyonnaise » que sont Alfred de Terrebasse, Louis Morel de Voleine, André Steyert et Vital de Valous, et des érudits dauphinois comme Hyacinthe Gariel, bibliothécaire de la ville de Grenoble, il se considère avant tout comme un passionné d'histoire dauphinoise[67]. Trois ans plus tard, c'est un autre érudit dauphinois, futur conservateur de la bibliothèque de Grenoble, Edmond Maignien, fils du doyen de la faculté de lettres, qui s'emploie à compléter les recherches précédentes[68]. Ses travaux de généalogie et d'héraldique se font dans un esprit d'ouverture à l'histoire locale, soucieux d'accueillir toutes les sensibilités[69]. Au sud de la province, un notaire de Montélimar, Adolphe de Coston, hostile à l'Empire, s'adonne à des recherches érudites sur les patronymes et les armoiries[70]. Son savoir lui offre une belle reconnaissance au point d'être accueilli à Grenoble dans les cénacles de l'Académie Delphinale et de la Société des Bibliophiles Dauphinois. Il se consacre à restituer la généalogie de plusieurs familles

---

66 Les volumes suivants seront entrepris par d'autres représentants de la noblesse savoyarde, eux aussi héraldistes de renom : Clément de Mareschal de Luciane, Pierre de Viry et Félix d'Yvoire ; François Duvaut, « L'histoire de l'académie chablaisienne de 1886 à 1966 », *Mémoires et documents publiés par l'Académie Chablaisienne*, 2005, t. 70, p. 14-17 et 162-165. Nous remercions Christian Sorrel de nous avoir indiqué cette publication.

67 Gustave de Rivoire de La Batie, *Armorial de Dauphiné*, Lyon, Perrin, 1867.

68 *Petite Revue des Bibliophiles Dauphinois*, mars 1922, p. 107-139.

69 Edmond Maignien, *Généalogies et armoiries dauphinoises*, Grenoble, Drevet, 1870.

70 Adolphe de Coston, *Origine, étymologie et signification des noms propres et des armoiries*, Paris, Aubry, 1867 ; Justin Brun-Durand, *Dictionnaire biographique et biblio-iconographique de la Drôme*, Grenoble, Librairie Dauphinoise, 1900, p. 216-217 ; Jules Villain, *La France moderne. Dictionnaire généalogique, historique et biographique*, t. 1, *Drôme et Ardèche*, Saint-Étienne, Thomas, 1908, p. 263-265 ; *Dictionnaire biographique illustré. Ardèche et Drôme*, Paris, Flammarion, 1912, p. 359-360.

de la ville de Montélimar qu'il réalise avec le concours des vieux lignages « blancs » mais également celui des autorités municipales républicaines[71].

## Languedoc oriental : Velay, Vivarais et duché d'Uzès

De l'autre côté du Rhône, les pays du Velay et du Vivarais qui appartiennent à la province du Languedoc, sont le théâtre de recherches plus tardives, menées pour la plupart à la Belle Époque. Le premier travail d'envergure est celui de Jules Villain avec deux gros volumes sur *La France moderne* consacrés à des généalogies familiales sur les départements correspondants. Grâce au concours de l'archiviste de la Haute-Loire Antoine Jacotin et du dessinateur Gaston de Jourda de Vaux, cet érudit horsain cherche par l'outil généalogique à souligner l'étroitesse des relations entre les familles nobles et bourgeoises de la région, qu'elles soient de nature endogame ou politique[72]. Le succès de l'ouvrage conduit à l'édition d'un second pour le Vivarais, étendu au-delà des rives du Rhône en raison de la circulation des familles. L'introduction de l'abbé Auguste Roche s'efforce d'insister sur la communauté de vue qui a rapproché ici la noblesse provinciale et de la bourgeoisie locale, permettant aux valeurs traditionnelles de se pérenniser[73]. Dans le même esprit est publié en 1910 un livre d'or sur l'ensemble des familles qui ont rayonné sur cette partie orientale du Massif Central[74]. Il est l'œuvre d'un certain *Nobirulus*, pseudonyme d'Auguste Brun, un libraire lyonnais, homme de foi et de fidélité parfaitement inséré dans le cercle des généalogistes de « l'école de Lyon »[75].

Les armoriaux et les nobiliaires viennent ensuite sous la plume de représentants de la noblesse locale. Le premier, Florentin Benoit d'Entrevaux, se distingue en publiant un armorial du Vivarais puis un

---

71 Adolphe de Coston, *Histoire de Montélimar et des familles principales qui ont habité cette ville*, t. 1, Montélimar, Bourron, 1878, p. 1-3. Son ami Paul de Faucher à Bollène lui communique des pièces rares (p. 530).

72 Jules Villain, *La France moderne*, t. 1, *Haute-Loire*, Saint-Étienne, Thomas, 1906, p. V.

73 Jules Villain, *La France moderne. Dictionnaire généalogique, historique et biographique*, t. 2, *Drôme et Ardèche*, *op. cit.*, p. IX-XV.

74 Noribulus, *Le livre d'or de quelques 6.000 familles du Velay. Auvergne-Gévaudan-Forez-Languedoc…*, Lyon, Brun, 1910, p. IX-XII.

75 *Ibid.*, p. 132. D'origine vellave, son père Jean-Auguste Brun a été libraire à Lyon entre 1847 et 1887.

recueil sur les demeures historiques qui ont abrité ces lignages[76]. Dans le même temps, son ami Gaston de Jourda de Vaux qui a dessiné les planches illustrées de ses ouvrages, s'emploie à une semblable opération sur le Velay. Il fait suite à l'armorial du Velay minutieusement élaboré par un notaire d'Allègre, Georges Paul, très lié à la bourgeoisie lyonnaise[77]. Auteur d'une étude généalogique sur sa propre famille, bien connue en Velay pour ses engagements en faveur de la monarchie, Gaston de Jourda de Vaux rappelle que son grand-père Charles avait exercé la fonction de gentilhomme à la cour du roi Charles X. Il précise dans l'introduction de ce livre familial : « Le plus beau titre dont s'enorgueillit cette famille, celui qui manifeste plus éloquemment ses convictions monarchiques et religieuses et qui lui vérifie sa devise : *Pro Deo et Rege*, c'est l'honneur qu'elle a eu de voir trois des siens immolés par la Révolution. Leurs noms sont inscrits sur les tables des monuments expiatoires de la Chartreuse d'Auray et des Brotteaux[78]. » Ici, la mémoire du siège de Lyon constitue toujours au début du siècle un élément structurant dans l'identité politique que revendique sa famille. Ses travaux seront inspirés par ce culte mémoriel et sacrificiel, qu'il s'agisse des *Châteaux historiques de la Haute-Loire* ou de son *Nobiliaire du Velay*, paru en sept volumes entre 1925 et 1933[79]. Cette œuvre de longue haleine a surtout pour vocation de protéger le groupe nobiliaire des usurpateurs de titres[80].

Toujours dans la province du Languedoc, plus au sud, les fiefs nobles du pays d'Uzès ont fait l'objet en 1906 d'un ouvrage d'érudition et d'un armorial en 1910 dont les introductions respectives glorifient les vieilles familles aristocratiques[81]. Ils sont l'œuvre de Lionel d'Albiousse, magistrat

---

76 Florentin Benoit d'Entrevaux, *Armorial du Vivarais*, Privas, Imprimerie Centrale, 1908 ; *Les châteaux historiques du Vivarais*, Hennebont, Normand, 1914.

77 Georges Paul, *Armorial général du Velay*, Paris, Champion, 1912 ; Jean Casati, « Maître Georges Paul », *Almanach de Brioude*, 1970, p. 11-16 ; Gaston Joubert, *Dictionnaire biographique de la Haute-Loire*, Yssingeaux, Éditions Per Lous Chamis, 1982, p. 295.

78 Gaston Jourda de Vaux, *Les Jourda de Vaux, leurs alliances, leurs anciens fiefs. Étude généalogique et héraldique*, Le Puy, Peyriller-Rouchon et Gamon, 1918, p. 2.

79 Gaston de Gaston Jourda de Vaux,, *Les châteaux historiques de la Haute-Loire*, Le Puy, Peyriller, 1911-1918 ; Gaston Jourda de Vaux, *Le nobiliaire du Velay et de l'ancien diocèse du Puy*, Le Puy et Lyon, Imprimerie Peyriller-Badiou-Amant, 1924-1925 puis Imprimerie La Haute-Loire, 1925-1933, 7 vol.

80 *Ibid.*, p. 1-2.

81 Lionel d'Albiousse, *Les fiefs nobles du château ducal d'Uzès*, Uzès, Malige, 1906 ; Lionel d'Albiousse, *Armorial de la ville d'Uzès*, Nîmes, Imprimerie générale, 1910, p. 7-11.

au tribunal et historien de la ville dont les convictions monarchistes sont connues[82]. Son père Jules qui a dû fuir pour échapper à la répression révolutionnaire, a été récompensé de son attachement à la personne de Louis XVIII par la décoration du Lys. Cette fidélité s'est poursuivie avec ses deux fils : Augustin-Numa s'engage dans les zouaves pontificaux, recevant les honneurs des ordres de Saint-Grégoire-le-Grand et de Pie IX, du titre héréditaire de comte romain[83] ; Lionel embrasse la vocation d'historien généalogiste[84]. Là aussi, les deux missions, combattante et généalogique, s'entrecroisent parfaitement.

## Provence

Non loin d'Uzès, sur la rive gauche du Rhône, s'étend la grande Provence. Les premiers travaux érudits paraissent sur la noblesse dans les années 1860. Octave Teissier, fonctionnaire en poste à Toulon, livre en 1862 une généalogie sur les familles des Pellicot dans laquelle il déplore la dégradation du sentiment familial depuis la Révolution, si cher, selon lui, à l'Ancien Régime[85]. Il s'attache ensuite à un état de la noblesse marseillaise dans un esprit plus soucieux de statistique que de politique[86]. Vingt ans plus tard, alors qu'il est devenu archiviste de la ville, il édite une publication sur les vieilles familles phocéennes, autant nobles que bourgeoises, considérées comme le socle de la cité[87]. Cet érudit bibliophile qui ne renie rien de la République[88], est rejoint par le marquis Charles de Boisgelin, plus conservateur en raison de son passage chez les jésuites de Brugelette et d'une formation juridique classique[89]. Depuis son hôtel particulier d'Aix et son château de Saint-Martin de Pallières dans le Var

---

82 Henry CARNOY, *Dictionnaire biographique international des écrivains*, Paris, L'Armorial Français, 1902, p. 108 ; Jules VILLAIN, *La France moderne*, *op. cit.*, t. 2, p. 17-18.

83 Lionel D'ALBIOUSSE, *Vie du comte d'Albiousse. Lieutenant-colonel des zouaves pontificaux*, Uzès, Malige, 1911.

84 Lionel D'ALBIOUSSE, *Histoire des ducs d'Uzès*, Paris, Champion, 1887. Il dédie ce livre à la duchesse d'Uzès, Anne de Mortemart-Rochechouart.

85 Octave TEISSIER, *Histoire d'une ancienne famille de Provence*, Toulon, Aurel, 1862, p. 1-5.

86 Octave TEISSIER, *État de la noblesse de Marseille en 1693*, Marseille, Boy, 1868, p. V-VIII.

87 Octave TEISSIER, *Les anciennes familles marseillaises*, Marseille, Publications Populaires, 1888.

88 *Annales de la Société d'Études Provençales*, janvier-février 1905, p. 15-16 ; Edmond POUPÉ, *Octave Teissier*, s. l. n. d.

89 *Annales de la Société d'Études Provençales*, septembre-octobre 1905, p. 225-230.

près de Saint-Maximin, il a consacré beaucoup de son temps à recueillir des généalogies de familles nobles de Provence[90]. Pour ce qui relève du comté de Nice, des travaux importants sont menés par le comte Giulio Gustavo de Orestis di Castelnuovo. Grâce à de riches archives familiales, il élabore un solide recueil sur une soixantaine de familles du comté mais l'option politique dans laquelle il est réalisé, est essentiellement à visée irrédentiste[91].

Les recherches les plus abouties en Provence sont celles du baron Scipion du Roure qui a consacré sa vie à l'érudition historique et la généalogie nobiliaire[92]. Formé chez les jésuites dans le Tyrol autrichien puis en Avignon, ce grand propriétaire foncier travaille, depuis le château familial de Barbegal aux portes d'Arles[93], à une entreprise généalogique d'envergure. Ce « gentilhomme de l'ancienne France » a patiemment constitué une vingtaine de fascicules sur d'anciens lignages de la noblesse provençale[94]. Attaché aux valeurs traditionnelles de son milieu d'origine, il se veut avant tout un défenseur de l'identité nobiliaire, traquant la fausse noblesse et ses parvenus[95]. En démontrant l'utilité du premier ordre dans « l'histoire sociale » de la Provence[96], il rejoint la finalité de travaux historiques comme ceux de l'archiviste du Var, Frédéric Mireur, qui font autorité dans la nouvelle historiographie régionale[97]. Monarchiste de cœur, Scipion du Roure a gagné la reconnaissance des historiens érudits

---

90 Charles de Boisgelin, *Esquisses généalogiques sur les familles de Provence*, Draguignan, Latil, 1900.

91 Jules de Orestis di Castelnuovo, *La noblesse niçoise*, Nice, Imprimerie du Commerce, 1909-1912. Il s'agit d'une version publiée en traduction française à partir de 1911 dans *Nice Historique*, organe de l'*Acadèmia Nissarda* et en 1929 son *Blasonario della Contea di Nizza* et son *Supplemento* (1931). Les renseignements nous ont été fournis par Olivier Vernier que nous remercions chaleureusement.

92 A. Dumas, « Notice sur la vie et les travaux de M. le baron du Roure », *Mémoires de l'Institut Historique de Provence*, 1926, t. 3, p. 78-88.

93 Dirigeant un vaste domaine foncier, il préside le syndicat agricole d'Arles : *Provincia. Bulletin trimestriel de la Société Statistique, d'Histoire et d'Archéologie de Marseille et de Provence*, 1924, t. 4, p. 287-289.

94 Scipion du Roure, *Les anciennes familles de Provence*, 22 fascicules, Paris, Champion, 1906-1907

95 Scipion du Roure, *Les recherches de noblesse en Provence sous Louis XIV et Louis XV*, Paris, Champion, 1910, p. 5-14 ; Scipion du Roure, *Les maintenues de noblesse en Provence*, 3 vol., Bergerac, Castanet, 1923.

96 Ses dossiers généalogiques veulent également décrire le milieu sociologique des élites de l'ancienne France. Il se veut un disciple de Le Play et de Charles de Ribbe.

97 A. Dumas, « Notice sur la vie et les travaux de M. le baron du Roure », art. cit., p. 83 ; Frédéric Mireur, *Le Tiers-État à Draguignan. Étude sociologique*, Draguignan, Latil,

en participant activement à la fondation de l'Institut Historique de Provence. Il en est devenu vice-président puis un prix portant son nom a été créé pour favoriser le meilleur ouvrage « sur l'histoire de la noblesse provençale ou comtadine, sur l'histoire des fiefs, sur la généalogie ou le blason des grandes familles »[98]. Attribué tous les cinq ans, le premier prix de 1928 est attribué au docteur Séverin Icard pour son armorial de la Provence[99]. Cet érudit marseillais appartient à une autre génération d'héraldistes, soucieux uniquement d'afficher l'héraldique comme une science auxiliaire de l'histoire[100].

## Comtat-Venaissin

Dans le Comtat voisin, l'historien d'une famille marseillaise, Henri Reynard-Lespinasse s'est attaché à constituer vers 1875 un armorial pour le diocèse et l'état d'Avignon qu'il reconnaît comme une ébauche incomplète[101]. D'autres travaux, plus généalogiques, ont alors été élaborés par des personnalités de la noblesse comtadine. La première est Jules de Terris, un notaire d'Avignon dont la famille, originaire de Bonnieux, vieille enclave pontificale, donne un évêque et un chanoine[102]. Profondément attaché à l'Eglise et aux anciens diocèses d'Apt et de Carpentras, disparus en 1801, il s'efforce de tracer une histoire généalogique et héraldique de leurs évêques. Il démontre combien ces derniers sont issus des vieux lignages comtadins et provençaux dont certains sont « plus blancs que le lys n'est blanc »[103]. Son ouvrage sur les prélats de Carpentras lui fournit l'occasion

1911 ; Maurice Agulhon, *La vie sociale en Provence intérieure au lendemain de la Révolution*, Paris, Société d'Études Robespierristes, 1970, p. 66.

98 *Bulletin mensuel de l'Institut Historique de Provence*, janvier 1929, p 5.

99 *Ibid.*, p. 6.

100 Séverin Icard, *Armorial de la Provence, du Comtat-Venaissin, de la principauté d'Orange, des baronnies, du Gapençais, de l'Embrunois, du Briançonnais et du comté de Nice*, Marseille, Institut Historique de Provence, 1932, p. 9-10.

101 Henri Reynard-Lespinasse, *Armorial historique pour le diocèse et l'état d'Avignon*, Paris, Société Française de Numismatique, 1874-1875, p. III-IV.

102 Son oncle Ferdinand est évêque de Fréjus (1876-1885) et son frère Paul deviendra prêtre et chanoine à Carpentras, directeur de la *Semaine Religieuse du Diocèse d'Avignon* : *Annuaire de la Noblesse de France*, Paris, Dentu, 1874, p. 216-217 ; Auguste Aubert, *Les Vauclusiens ou dictionnaire biographique spécial au département de Vaucluse*, Avignon, Seguin, 1890, p. 190-192 ; *Dictionnaire biographique de Vaucluse*, Paris, Flammarion, 1905, p. 678-679.

103 Jules de Terris, *Les évêques d'Apt, leurs blasons et leurs familles*, Avignon, Seguin, 1877, p. 17.

de renouer avec la mémoire de générations épiscopales qui ont su tenir la tête haute face aux temps les plus troublés. Ainsi, peuvent-elles servir d'exemples à l'heure des révolutions et des tyrannies[104]. Admis à l'Académie de Vaucluse dès sa fondation en 1882[105] puis au Conseil Héraldique de France, Jules de Terris poursuit ses recherches érudites avec quelques travaux généalogiques sur des familles comtadines, pour la plupart issues de la noblesse des états pontificaux de France. Elles constituent pour lui un conservatoire de l'ancienne France, pétrie de tradition et de fidélité[106].

Autre représentant de la noblesse comtadine à s'être investi dans la quête généalogique, Paul de Faucher est originaire d'une famille de Bollène anciennement installée, connue pour son opposition à la Révolution[107]. À vingt et un ans, il s'engage dans les zouaves pontificaux puis poursuit son combat politique comme collectionneur et généalogiste. Dès son retour de Rome en 1862, il participe au projet d'un armorial général de la noblesse du Comté Venaissin[108]. Réunissant manuscrits et livres anciens, il se crée une bibliothèque de cinq mille volumes[109]. Cet érudit se distingue par de nombreux travaux d'histoire locale parmi lesquels des recueils et des notes généalogiques sur plusieurs lignages du Comtat et de Provence[110]. L'un d'eux est consacré à sa propre famille maternelle. Un long chapitre retrace d'ailleurs le drame révolutionnaire

---

104 Jules DE TERRIS, *Les évêques de Carpentras. Étude historique*, Avignon, Seguin, 1886, p. VIII et 332. Mgr Ferdinand de Terris est sacré évêque de Fréjus, le 29 juin 1876, en la cathédrale Saint-Siffrein de Carpentras par Mgr Dubreil, archevêque d'Avignon, et Mgr de Cabrières, évêque de Montpellier et ardent défenseur de la monarchie.

105 *Mémoires de l'Académie de Vaucluse*, 1911, p. 428.

106 Jules DE TERRIS, *La noblesse d'Avignon et du Comtat-Venaissin*, Rome, Collège Héraldique, 1904, p. 29.

107 Jules VILLAIN, *La France moderne. Dictionnaire généalogique, historique et biographique*, t. 2, *Drôme et Ardèche*, *op. cit.*, p. 361-363 ; Gustave CHAIX D'EST-ANGE, *Dictionnaire des Familles Françaises anciennes ou notables à la fin du XIX<sup>e</sup> siècle*, Évreux, Hérissey, 1921, t. 17, p. 130-132.

108 Bibliothèque Municipale de Carpentras, Feuillet sur le projet d'*Armorial général de la noblesse du Comté Venaissin*, 1862. Nous tenons à remercier chaleureusement Jean-François Delmas, conservateur de la Bibliothèque Inguimbertine de Carpentras de nous avoir accueilli et éclairé sur l'histoire des cercles érudits du Comtat.

109 *Dictionnaire biographique de Vaucluse*, *op. cit.*, p. 242.

110 *Liste des anciens syndics et consuls, des officiers municipaux, maires et adjoints de Carpentras du XIII<sup>e</sup> siècle jusqu'à nos jours*, Avignon, Seguin, 1893 ; *Un des juges de Fouquet : Roquesante (1619-1707), sa famille, ses descendants*, Aix, Makaire, 1895 ; *Documents pour l'histoire de Provence. Les Tributiis et le fief de Sainte-Marguerite, notes et documents (1289-1789)*, Digne, Chaspoul, 1897 ; *Documents pour l'histoire de Provence. Chénerilles et ses seigneurs, les Isoard et les Salvan (1427-1776)*, Digne, Chaspoul, 1901.

au cours duquel six de ses membres furent guillotinés en quelques jours en 1794[111]. La qualité de ses recherches lui vaut son admission au Conseil Héraldique de France et l'estime de ses pairs, particulièrement au sein du cénacle des généalogistes provençaux comme Charles de Boisgelin à qui il voue une profonde admiration[112]. Depuis son hôtel de Bollène et son château du Monard, près de Montélimar, Paul de Faucher incarne l'érudit aristocratique, fidèle à la tradition monarchique et à la foi catholique, autour duquel se retrouve un cercle de savants, d'artistes et d'ecclésiastiques soucieux de tenir une conversation qui entretienne la mémoire des anciennes familles de Provence[113].

À la veille de 1914, comme dans la plupart des régions françaises, l'espace du Sud-Est réunit donc un ensemble important d'armoriaux et de livres nobiliaires consacrés aux lignages et aux familles qui ont exercé une influence sociale et culturelle dans les anciennes provinces qui le composent. Cette production est pour l'essentiel l'œuvre d'érudits locaux qui la considère comme une mission relevant du combat contre-révolutionnaire et monarchiste. Cependant, elle ne comble pas le retard pris face aux recherches allemandes au sein desquelles la généalogie et l'héraldique sont devenues des sciences auxiliaires de l'histoire[114]. Combler ce retard devient désormais une nécessité patriotique à laquelle s'efforcent de répondre les héritiers de cette génération d'érudits royalistes.

## L'ultime recharge royaliste de la *Nouvelle Revue Héraldique*

Les institutions qui avaient encadré les recherches de généalogie et d'héraldique depuis la fin du XIX^e siècle, peinent désormais à se renouveler. Elles avaient été établies par une génération de savants et de

---

111 Paul de Faucher, *Les souvenirs de l'aïeul. Poésies fugitives et humoristiques d'un vieux magistrat recueillies et annotées par son petit-fils*, Carpentras, Seguin, 1901.

112 Paul de Faucher, *Livre de raison d'Honoré de Gras, conseiller au parlement de Provence, dernier seigneur de Mimet*, Valence, Imprimerie Valentinoise, 1905, p. 5-6 ; François-Napoléon Nicollet, « Paul de Faucher », *Annales de la Société d'Études Provençales*, 1908, p. 49-51.

113 Émile Perrier, « Paul de Faucher », *Répertoire des travaux de la Société de Statistique de Marseille*, 1906-1907, p. 38-44 ; Émile Perrier, *Paul de Faucher (1840-1897)*, Valence, Imprimerie Valentinoise, 1908.

114 Walter Koch, « L'évolution des sciences auxiliaires de l'histoire en Allemagne au cours du XIX^e siècle », art. cit.

notables, souvent d'ascendance nobiliaire et de sensibilité monarchiste. Ainsi, le CHF disparaît avec le décès de son fondateur Oscar de Poli tandis que ces deux champs de l'érudition historique deviennent peu à peu des sciences auxiliaires de l'histoire grâce à des professionnels du livre et de la conservation des manuscrits. Max Prinet est l'un d'eux. Archiviste-paléographe, il assure sur ces sujets un enseignement approfondi à l'École des Chartes puis à l'École Pratique des Hautes Études (1914), ce qui lui vaut d'être porté à la présidence de la Société d'Histoire de France en 1923 et à l'origine de la Société Française d'Héraldique et de Sigillographie en 1937 avec le concours du jeune chartiste Jacques Meurgey de Tupigny[115].

Si la généalogie et l'héraldique échappent quelque peu à ses promoteurs monarchistes de la première heure, une ultime tentative de fédérer dans la mouvance royaliste les études qui s'y attardent est lancée par des tenants de la fidélité et des militants d'Action Française avec la création d'une revue spécialisée. C'est à Lyon, au cœur du quartier « blanc » d'Ainay[116], là où s'est établie une « école » de généalogie, qu'est fondée en 1917 la *Nouvelle Revue Héraldique, Historique et Archéologique*. Son fondateur est Guy Courtin de Neufbourg, le petit-fils d'Oscar de Poli. Ce jeune notable agrarien est aussi un érudit, passionné par les chartes du Forez[117]. Il cherche à faire revivre l'institution disparue que son grand-père avait mise sur pied avec le CHF. Il apporte son soutien financier pour organiser une nouvelle structure, le Conseil des Héraldistes de France, et une nouvelle revue spécialisée. Il confie cette mission à deux hommes de confiance.

Le premier est Florentin Benoit d'Entrevaux. Issu d'un vieux lignage du Vivarais et du Comtat dont un rameau s'est installé à Lyon, cet érudit ardéchois est installé au château d'Entrevaux près de Privas[118]. Comme lui, son frère Auguste se passionne pour l'histoire locale, collabore à la fondation de la *Revue du Vivarais* avant d'en devenir le directeur. Soucieux d'histoire, Florentin travaille un temps aux Archives du Rhône avant de se spécialiser dans l'héraldique et la généalogie au sein desquelles il acquiert

---

115 *Bibliothèque de l'École des Chartes*, 1937, vol. 98, p. 413-416 ; Michel Pastoureau, *Traité d'héraldique*, Paris, Picard, 1979, p. 86.

116 Bruno Dumons, « Ainay, le quartier "blanc" de Lyon », art. cit., p. 105-131.

117 *Comptes rendus des séances de l'Académie des Inscriptions et Belles-Lettres*, 1987, n° 2, p. 306-307 ; Bruno Dumons et Éric Mension-Rigau, « Conserver l'identité nobiliaire dans la France contemporaine », art. cit., p. 235-236.

118 Jules Villain, *La France moderne. Dictionnaire généalogique, historique et biographique*, t. 2, *Drôme et Ardèche*, *op. cit.*, p. 345 ; Gustave Chaix d'Est-Ange, *Dictionnaire des Familles Françaises anciennes ou notables à la fin du XIX^e^ siècle*, Évreux, Hérissey, 1910, t. 9, p. 420.

une solide renommée. Ses talents de dessinateur lui ont aussi permis d'exécuter de nombreux blasons et *ex-libris* pour les cercles bibliophiles lyonnais[119]. Proche de « l'école » généalogique de Lyon, il fréquente les réseaux monarchistes installés dans le quartier d'Ainay où il réside durant la morte saison.

Le second initiateur est Émile Salomon. Forézien d'origine, il est le fils d'un jardinier au service de la famille de Meaux. Devenu employé de commerce à Lyon, il se passionne pour l'histoire du Forez, ses châteaux et ses blasons. Grâce aux liens qu'il a conservés avec des personnalités de la noblesse forézienne, il publie en 1916 un ouvrage remarqué sur *Les châteaux historiques du Forez* auquel collabore le dessinateur Gaston Jourda de Vaux[120]. Lui aussi grand amateur d'*ex-libris*, il se fait également connaître avec des généalogies familiales, notamment celles des Rambaud et des Courtin dont les patronymes résonnent de la fidélité et de la légitimité[121]. Son attachement à la monarchie et la contre-révolution est constant. Lié à l'Action Française, il contribue notamment à entretenir le souvenir des victimes lyonnaises de la Révolution[122].

Grâce à l'appui de leur mécène soucieux de poursuivre l'œuvre de l'ancien CHF, ces deux héraldistes, reconnus sur la place de Lyon, unissent leurs efforts pour fonder en 1917 une *Nouvelle Revue Héraldique* (NRH), organe du nouveau Conseil des Héraldistes de France dont le but est « d'étudier tout ce qui touche à l'art héraldique, aux généalogies, aux études historiques locales, aux documents divers, sceaux, ex-libris, pierres sculptées… »[123]. Se revendiquant « traditionaliste », la revue affiche clairement sa sympathie envers l'Action Française, lui réservant certaines de ses pages et de ses encarts publicitaires[124]. Redynamiser l'héraldique, c'est aussi faire œuvre patriotique face à l'Allemagne qui a longtemps tenu la première place. Le Conseil des Héraldistes de France

---

119 *Revue du Vivarais*, décembre 1925, p. 276-279 ; Émile SALOMON, « Florentin Benoit d'Entrevaux », *Nouvelle Revue Héraldique*, janvier-mars 1926, p. 1-3.

120 Émile SALOMON, *Les châteaux historiques du Forez et des enclaves du Lyonnais, du Beaujolais et du Mâconnais qui ont formé le département de la Loire*, Hennebont, Normand, 1916. Deux autres tomes paraissent en 1922 et 1926.

121 Émile SALOMON, *Une famille du Lyonnais. Les Rambaud*, Aix-les-Bains, Gérente, 1910 ; Émile SALOMON, *Les anciens ex-libris des Courtin*, Paris, Daragon, 1917.

122 Émile SALOMON, « Les victimes lyonnaises de la Révolution », *La République Lyonnaise*, 30 décembre 1941.

123 *Nouvelle Revue Héraldique*, janvier 1917, préface.

124 Conférence d'Émile Salomon à la section lyonnaise d'Action Française en juin 1916, *Nouvelle Revue Héraldique*, janvier 1917, p. 2-11.

estime comme un devoir patriotique de soutenir l'héraldique française et en particulier l'art des *ex-libris*[125]. La revue installe provisoirement son administration au domicile de Florentin Benoit d'Entrevaux, au 33 de la rue Jarente, en plein quartier d'Ainay, avant de prendre définitivement comme siège l'appartement d'Émile Salomon à La Croix-Rousse.

À partir des années 1920, la NRH s'est établie dans le paysage héraldique français. Elle a noué des liens amicaux avec d'autres revues savantes, historiques et généalogiques dont certaines étrangères comme les *Archives Héraldiques Suisses*, l'organe espagnol *Coleccionismo* et la célèbre revue italienne *Rivista del Collegio Araldico*. Les relations sont également excellentes avec *L'Action Française* de Charles Maurras et *La Revue Fédéraliste* de Louis Jasseron. Elle accueille au sein de son Conseil des personnalités qui incarnent une expertise dans le domaine des blasons, des armoiries et des recherches généalogiques comme le baron Scipion du Roure, Auguste Le Sourd, Jacques Meurgey de Turpigny[126] et certains jeunes membres de « l'école lyonnaise » tels qu'Irénée Morel de Voleine, Robert Poidebard et Jean Tricou. La plupart des ex-libris publiés en couverture reviennent une nouvelle fois au dessinateur Gaston Jourda de Vaux[127]. Le Conseil compte également quelques représentants de vieilles familles des noblesses provinciales comme Henri Dugon et Olivier Costa de Beauregard[128] et des figures du catholicisme intransigeant lyonnais à l'image de Pierre Ravier du Magny[129]. Tous partagent une même culture royaliste.

C'est en 1924 que se tient le premier congrès des héraldistes de France, près de Lyon, dans la cité médiévale de Pérouges. La journée du 18 mai semble avoir été un succès. Après un vibrant hommage prononcé par Émile Salomon en faveur de « la renaissance de l'héraldique française »[130], le docteur Eugène Olivier, vice-président du congrès et bibliophile de renom[131], qui

---

125 *Ibid.*, p. 14.

126 *Bibliothèque de l'Ecole des Chartes*, 1933, n° 94, p. 415-418 ; n° 133-2, p. 434-438.

127 *Nouvelle Revue Héraldique*, janvier 1934, p. 1-2.

128 Henri Dugon et Olivier Costa de Beauregard participent activement à la fondation de l'ANF : *Nouvelle Revue Héraldique*, 1933, p. 33-34 ; Bruno Dumons et Éric Mension-Rigau, « Conserver l'identité nobiliaire dans la France contemporaine », art. cit., p. 236.

129 Xavier de Montclos (dir.), *Dictionnaire du monde religieux de la France contemporaine*, Paris, Beauchesne, 1994, vol. 6, p. 398.

130 *Nouvelle Revue Héraldique*, avril-juin 1924, p. 23.

131 Eugène Olivier, Georges Hermal et Robert de Roton, *Manuel de l'amateur de reliures armoriées françaises*, Paris, Bosse, 1924-1925.

a fait le déplacement depuis Paris, rappelle l'originalité de cette réunion qui a pour but de rassembler les amateurs du blason et de l'art héraldique et de redonner un certain élan à cet art délaissé et incompris. La présence d'une cinquantaine de participants au congrès de Pérouges témoigne de ce regain d'intérêt. C'est une victoire pour celui qui en avait eu conçu le principe, Florentin Benoit d'Entrevaux. Décédé en 1926, ce sympathisant de l'Action Française incarne une génération d'héraldistes dont l'œuvre est inséparable d'un combat mené en faveur de la monarchie[132]. Au-delà de sa production personnelle, il a réussi à fédérer un Conseil des Héraldistes de France, largement composé d'érudits nostalgiques de l'Ancien Régime.

Parmi eux, s'affirment des figures du légitimisme comme l'historien et polémiste royaliste de la Creuse, le comte Henri Dissandes de Lavillatte, et le généalogiste vellave Emmanuel Grellet de La Deyte, ancien conseiller général de Haute-Loire et maire d'Allègre[133]. D'autres sont d'authentiques militants à l'image de Jules de Brion et Pierre de Saint-Victor. Le premier, avocat au barreau de Lyon, s'est très tôt illustré dans l'action militante. Lors d'une manifestation en faveur du comte de Paris, il est arrêté et jeté en prison. En 1903, il défend l'entrée de l'archevêché[134]. Le second, propriétaire foncier à Saint-Laurent de Chamousset, a été un des fondateurs des comités royalistes à Lyon avant 1890[135]. Encore plus engagé dans la défense de la cause monarchiste, Florent de La Guillonière, le vendéen, est un « croisé » aux allures de « carliste » qui s'est enrôlé dans l'armée des *requetés* en Navarre où il tombe en martyre en 1936[136]. Parmi les quelques dames du Conseil, se distingue la vicomtesse de Monterno, née Rocoffort. Son patronyme résonne du principe de la fidélité. Son père a été zouave pontifical et son arrière-grand-père a lutté dans l'armée de Précy lors du Siège de Lyon en 1793. Forte de cet héritage contre-révolutionnaire, elle a été présidente des Dames Royalistes de Lyon[137].

Durant près d'une trentaine d'années, la NRH et le Conseil des Héraldistes de France ont cherché à redonner un élan à l'héraldique en tentant de promouvoir des travaux et de pérenniser une structure

---

132 *Nouvelle Revue Héraldique*, janvier-mars 1926, p. 1-3.

133 Henri de Lavillatte, *La décoration du lys*, Limoges, Guillemot et Lamothe, 1917 ; *Nouvelle Revue Héraldique*, janvier-mars 1927, p. 8-9.

134 *Nouvelle Revue Héraldique*, 1928, p. 83.

135 *Ibid.*, 1928, p. 107-108.

136 *Ibid.*, 1934, p. 49-51.

137 *Ibid.*, 1930, p. 28-29.

nationale. Malgré l'énergie déployée par son directeur Emile Salomon, son audience s'est limitée aux cercles de l'érudition du Lyonnais et du Forez, en particulier à celle de son « école » de généalogie. La revue est marquée idéologiquement, probablement trop pour les nouveaux passionnés d'héraldique et les jeunes historiens dont la discipline se renouvelle considérablement entre les deux guerres. Elle ne survit pas à la disparition de son responsable, un personnage d'un autre temps, indifférent aux mutations du monde, retiré dans son érudition comme une forme d'exil[138]. L'hommage que lui rendent ses amis et collaborateurs, rappelle combien cet érudit incarnait une génération d'héraldistes marqués par l'idéal de la monarchie[139]. La revue cesse ses activités en 1947. Disparaît avec elle l'ultime essai de recharge héraldiste au service d'un engagement monarchiste.

Au final, est-ce à dire que le « moment monarchiste » qui caractérise la redécouverte de l'héraldique et de la généalogie en France entre les décennies 1860 et 1930, n'aura été qu'un simple épisode dans la construction des sciences auxiliaires de l'histoire en France ? Certes, il pourrait apparaître comme tel[140]. Reste que ce « moment » est des plus utiles pour les nouveaux maîtres de l'histoire sociale. En effet, en 1936, les fondateurs des *Annales*, Marc Bloch et Lucien Febvre, font appel au comte de Neufbourg, à ses amis (le marquis Dugon) et à l'organisation de l'ANF pour mettre en œuvre une vaste enquête sur les noblesses[141]. Les échanges sont des plus réguliers. Plus encore, ce « moment » peut être considéré comme un temps de pérennisation de la culture politique « blanche » à l'heure où s'effondre tout espoir de restauration monarchique en France. Il peut même constituer un chemin original de politisation pour les auteurs d'armoriaux et de nobiliaires, une fois les armes déposées, en particulier par ceux qui s'étaient engagés auparavant comme zouaves pontificaux. Il contribue à une intense production bibliographique, faite de livres rares, souvent onéreux, dont la diffusion confidentielle ne dépasse guère le cercle des familles concernées. Ceux-ci entrent pour longtemps dans les bibliothèques des châteaux et des maisons bourgeoises. Si une de

---

138 *Ibid.*, 1944, p. 74.

139 Hilaire Theillère, Jean Tricou, Marcel Grognot *et al.*, *Émile Salomon (1888-1945)*, Lyon, Rey, s. d.

140 Robert Delort, *Introduction aux sciences auxiliaires de l'histoire*, Paris, Colin, 1969.

141 *Bulletin de l'ANF*, 1936, vol. 13, p. 23 ; Guy de Neufbourg, « Les noblesses. Projet d'une enquête sur la noblesse française », *Annales d'histoire économique et sociale*, 1936, vol. 8, p. 243-255.

leurs finalités vise à compléter les fonctions de l'annuaire mondain, une autre serait de proposer une cartographie politique des lignages et des familles où se perpétue encore l'idéal monarchique à la fin du XIXe siècle. Fabriquer des armoriaux et des nobiliaires, c'est donc en quelque sorte reproduire les réseaux familiaux au sein desquels circule une même culture politique, faite de cultes mémoriels et d'engagements sociaux. Il y a là une page d'histoire de la politisation qu'il conviendrait de découvrir pour les milieux attachés à la fidélité et à la légitimité. Qu'en est-il en dehors des frontières hexagonales, dans l'ensemble de l'Europe nobiliaire ? C'est ici un chapitre inédit de l'histoire transnationale de l'Europe politique du XIXe siècle qui serait à écrire.

# Deuxième partie

# Faire et défaire un passé contre-révolutionnaire

# D'une guerre carliste à l'autre.

## Transmettre le souvenir d'une mobilisation transnationale

Alexandre Dupont

Le romancier royaliste Pierre Benoit évoque, dans *Pour don Carlos* (1920), la seconde guerre carliste (1872-1876) et l'aide apportée par une partie de la population française à la cause du légitimisme espagnol[1]. Figure de proue de ce roman, la belle Allegria Detchart, amazone typique des romans de Benoit, prête main-forte aux carlistes dans leur prise de contrôle de la sous-préfecture imaginaire de Villeléon, près de la frontière. Un soir, elle raconte l'histoire de son engagement à une jeune noble sous son empire, Lucile de Mercœur.

Après avoir rapidement évoqué des motivations politiques plus conformes à l'indépendantisme basque du temps de Pierre Benoit qu'aux raisons du soulèvement de 1872, Allegria évoque son père, Pierre Detchart, contrebandier français originaire d'Iholdy. Celui-ci avait conduit en Espagne la princesse de Beira, femme du premier don Carlos, pendant la guerre de 1833-1840. Dès lors, il avait prêté main-forte au carlisme en guerre, jusqu'à ce que la répression politique liée à la fin du conflit ne le contraigne à l'exil en Amérique du Sud, où il fait fortune avec son frère, en attendant qu'un nouveau soulèvement le rappelle en Europe.

Malheureusement, la nouvelle ne vient pas et Pierre Detchart meurt en terre américaine. Néanmoins, sur son lit de mort, il laisse ses instructions. Si don Carlos reparaît en Espagne avant 1870, soit avant la majorité de sa fille, son frère devra tout vendre et apporter au prétendant le produit d'années d'efforts. S'il ne reparaît pas, alors ce sera à Allegria de se rendre

---

1 Sur ce roman : Alexandre Dupont, « El carlismo entre Francia y España : pistas para una historia transfronteriza », Ramón Arnabat i Antoni Gavalda, *Homenatge al doctor Pere Anguera*. Catarroja, Editorial Afers, 2012, vol. 1, p. 347-364.

en Europe. Ses derniers mots à sa fille sont révélateurs : « Je n'ai pas besoin de te répéter, Allegria, petite Allegria, ce que je t'ai dit, depuis que tu as l'âge de me comprendre… Et ton oncle, ton père maintenant, a dix ans devant lui pour te répéter chaque jour comment une fille basque doit servir don Carlos[2]. »

Ce passage romanesque est révélateur à de nombreux égards des processus de transmission de la fidélité au sein de la contre-révolution au XIX<sup>e</sup> siècle[3] : engagement de père en fils – en l'occurrence de père en fille –, place centrale de la cellule familiale dans la transmission d'un engagement politique[4], place de la mémoire et de la fidélité dans l'exil au sein d'un imaginaire politique volontiers doloriste[5], vision providentialiste de l'histoire, qui mène inévitablement à la victoire du Bien sur le Mal, et attente eschatologique du combat final contre la révolution[6].

Tous ces éléments sont caractéristiques d'une culture politique dont les principaux traits de mentalité se trouvent façonnés dès les premières décennies du XIXe siècle par les écrits de ses théoriciens – au premier rang desquels Joseph de Maistre – et par la succession des victoires de la Révolution, qui font naître chez son adversaire une mentalité obsidionale où il s'agit rien moins que d'empêcher le retour de l'Antéchrist sur terre[7].

Ces traits sont aussi ceux d'une époque, celle des années 1860 et 1870. L'unification italienne, la chute du pouvoir temporel des papes, les bouleversements politiques, en France et en Espagne principalement, installent des régimes libéraux voire républicains. Associés à l'emprise

---

2 Sur tout ce qui précède : Pierre Benoit, *Pour don Carlos*. Paris, Albin Michel, 1920, p. 110.

3 Pour un panorama plus général : Ludivine Bantigny et Arnaud Baubérot (dir), *Hériter en politique. Filiations, générations et transmissions politiques (Allemagne France et Italie, XIXe-XXIe siècle)*, Paris, Presses universitaires de France [désormais PUF], 2011.

4 Jeremy MacClancy. *The Decline of Carlism*, Reno, University of Nevada Press, 2002.

5 Emmanuel Fureix, *La France des larmes. Deuils politiques à l'âge romantique (1814-1840)*, Paris, Champ Vallon, 2009. Voir aussi les contributions d'Emmanuel Fureix et Paul Chopelin dans Bruno Dumons et Hilaire Multon (dir.), *« Blancs » et contre-révolutionnaires en Europe : espaces, réseaux, cultures et mémoires, fin XVIIIe-début XXe siècles : France, Italie, Espagne, Portugal*. Rome, École française de Rome [désormais EFR], 2011.

6 Jacques Godechot, *La Contre-Révolution. Doctrine et action (1789-1804)*, Paris, PUF, 1984.

7 Sur la diffusion de cette idéologie : Alexandre Dupont, « ¿Hacia una Internacional neo-católica ? Trayectorias cruzadas de Louis Veuillot y Antonio Aparisi y Guijarro », *Ayer*, 2014/3, n° 95, p. 211-236.

renforcée sur la contre-révolution d'un catholicisme intransigeant aux accents apocalyptiques, ces bouleversements rendent à cette vision du monde une soudaine actualité[8].

La particularité de la transmission de fidélité entre Allegria et son père réside donc ailleurs, dans le fait que son objet est l'attachement à une cause légitimiste dans un autre pays, en l'occurrence l'attachement de Français à la cause du carlisme. Ce passage pose donc la question de la transmission de la fidélité contre-révolutionnaire en contexte transnational, non pas tant parce que celle-ci présenterait des traits fondamentalement différents mais parce qu'elle concerne un public par nature plus restreint et qu'elle requiert donc des conditions spécifiques pour s'effectuer.

Pour illustrer ces conditions spécifiques et les groupes sociaux dans lesquels elles sont réunies, on peut axer le propos autour de trois cas différents : le contrebandier Ganich de Macaye, le général légitimiste Henri de Cathelineau et la famille de Barraute, de la petite noblesse des Basses-Pyrénées. Ces trois cas recoupent les différents lieux de transmission de la fidélité transnationale à la cause carliste.

## Ganich, les paysans des Pyrénées et le grand public

Lorsqu'il évoque le passage de la frontière franco-espagnole de la princesse de Beira pendant la première guerre carliste sous la conduite de Pierre Detchart, Pierre Benoit s'inspire de faits réels et du cas d'un contrebandier qui avait connu une certaine célébrité au tournant des années 1870 : Jean Anchordoqui, dit Ganich de Macaye. Celui-ci avait effectivement permis le passage en Espagne de la princesse en 1838[9].

Aux lendemains de la révolution espagnole de 1868, qui allait permettre au carlisme d'occuper à nouveau le devant de la scène, Ganich était un vieillard, et il ne devait pas participer aux nouvelles tentatives de reprise du pouvoir de don Carlos. Outre l'âge, la misère s'est abattue sur ce contrebandier populaire qui a sacrifié une bonne partie de ses économies

---

8 Hilaire Multon, *Les temps sont proches : prophétisme politique et culture apocalyptique dans le catholicisme français et italien (1859-1878)*, thèse de doctorat, Université Paris XII, 2002.

9 Sur tout ce qui suit, voir sauf mention contraire : Jean-Baptiste Dasconaguerre, *Les échos du pas de Roland*, Paris, Marchand, 1867 et Jean-Baptiste Dasconaguerre, *Un drama en la frontera*, traducido al castellano bajo la dirección de Vicente Manterola y adicionado con una introducción y un apéndice, Bayona, Librería de Desplan, 1872.

pour aider les carlistes. C'est du moins ce qu'il explique en 1867 à un conseiller général des Basses-Pyrénées, Jean-Baptiste Dasconaguerre, sans que ni l'un ni l'autre ne se doutent que Ganich va servir une dernière fois la Cause.

Ému par le sort du vieil homme, Dasconaguerre décide de lui venir en aide en racontant son histoire. *Les Échos du Pas-de-Roland* constitue le récit pittoresque et folklorisant du voyage de la princesse vers la frontière, de véritables épisodes de cape et d'épée succédant à des considérations « essentialisantes » sur le catholicisme inébranlable des Basques. Publié en 1867, le roman connaît un beau succès, au moins localement[10], et paraît la même année en espagnol et en basque[11]. L'affaire aurait pu en rester là et *Les Échos du Pas-de-Roland* demeurer une innocente action caritative en faveur d'un vieux bandit de la frontière.

C'était sans compter sur les bouleversements politiques de l'année suivante en Espagne, la revitalisation du carlisme et la préparation d'un nouveau soulèvement, pour lequel les carlistes comptent sur l'appui des Français[12]. C'est la raison pour laquelle l'un des principaux responsables politiques du carlisme, le chanoine Vicente Manterola, prend la décision d'exploiter politiquement le roman sur Ganich. Il en publie une nouvelle traduction à Bayonne en 1872 – l'ouvrage est alors intitulé *Un drama en la frontera* – et y adjoint une introduction et un appendice.

L'introduction rappelle l'excellent accueil réservé au livre par la presse contre-révolutionnaire française – sont notamment cités *Le Monde* et *L'Union* – qui y voit le chef-d'œuvre de la littérature basque. L'appendice, quant à lui, souligne la gratitude du nouveau don Carlos et de sa femme pour celui qui a apporté son aide à la famille royale et insiste sur la transmission de cette gratitude de génération en génération au sein des familles carlistes.

On voit le premier enseignement du cas Ganich quant à la transmission de la fidélité à la cause carliste. Son cas est utilisé, récupéré par les carlistes pour inciter les Français, notamment ceux de la frontière, à s'engager en faveur du carlisme. Cette opération de propagande – qui était absente de

---

10 Julio Nombela, *Detrás de las trincheras. Páginas íntimas de la Guerra civil desde 1868 hasta 1876*, Madrid, Hernández, 1876, p. 306.

11 Jean-Baptiste Dasconaguerre, *Ecos del Paso-de-Roldan*. Bayonne, impr. de Va de Lamaignère, 1867 et Jean-Baptiste Dasconaguerre, *Orlan Errekako Alphuac*, Bayonne, impr. de Lamaignère, 1867.

12 Sur ces années : Melchor Ferrer, *Historia del tradicionalismo español*, Sevilla, Editorial Católica Española, 1941-1979, vol. 23/1.

la version de Dasconaguerre puisque celui-ci dépolitisait complètement le combat de Ganich[13] – est secondée par la presse française contre-révolutionnaire qui soutient le combat de don Carlos.

Au-delà des formes classiques de la transmission de la fidélité politique au sein de la contre-révolution, la deuxième moitié du XIX^e^ siècle est un moment d'utilisation massive par les contre-révolutionnaires des moyens de politisation modernes, et notamment de la presse et de l'imprimé. Se crée alors une mémoire commune aux défenseurs de don Carlos par-delà leur diversité sociologique. On pourrait aisément l'illustrer avec de nombreux exemples d'écrits d'anciens combattants de la première guerre qui racontent leurs aventures pour maintenir vivante la mobilisation en faveur du carlisme.

Mais l'intérêt du cas de Ganich réside aussi dans sa fortune postérieure. L'histoire est parvenue jusqu'à Pierre Benoît, qui la reprend à son compte dans *Pour don Carlos*. On ne sait toujours pas à quelles sources le romancier a eu recours pour disposer de telles informations, mais il est intéressant de constater qu'au début du XX^e^ siècle, le cas Ganich est devenu une histoire canonique de la mémoire contre-révolutionnaire franco-espagnole. C'est ainsi que le Britannique Edward Kirkpatrick de Closeburn, qui avait participé à la seconde guerre carliste en remplissant de nombreux rôles, rapporte, autour de 1910, l'histoire du contrebandier de Bidarray[14], signe que la transmission de fidélité par l'écrit a conduit *in fine* à la création d'un *topos* de l'internationalisme contre-révolutionnaire[15].

Dans l'intention première de Dasconaguerre, son livre devait toucher les populations du Pays basque français qui avaient connu Ganich et se rappelaient l'homme de bien qu'il était. Difficile dans leur cas d'évaluer l'efficacité de la transmission. Pourtant, un élément peut laisser penser qu'elle a existé : il existe apparemment une pastorale – un spectacle populaire du Pays basque – consacrée à Ganich, ce qui tendrait à souligner

---

13 « Élevé au milieu des bois et des montagnes, il s'enthousiasme, quel que soit le parti qui s'adresse à lui, s'il le juge honnête. Ganich a servi un prétendant à une royauté ; c'eût été un prétendant à un empire que son drapeau l'aurait également ébloui » : Jean-Baptiste Dasconaguerre. *Les échos du pas de Roland*, *op. cit.*, p. 193.

14 Edward Kirkpatrick de Closeburn, *Souvenirs de la dernière guerre carliste (1872-1876)*, Paris, A. Picard et fils, 1909, p. 142 et s.

15 En 1958 encore, dans l'introduction qui précède l'édition du journal de la Française pro-carliste Joséphine Camiade, les curateurs Émile Daru et Charles Blanc font de l'aventure de Ganich un topos des passages de la frontière pendant les guerres carlistes : Émile Daru et Charles Blanc, « Le livre de raison d'une carliste dacquoise », *Bulletin de la Société de Borda*, 4^e^ trimestre 1958, p. 400.

le maintien de sa mémoire[16]. Mais il faut, pour réfléchir à la transmission de la fidélité au sein des populations pyrénéennes, se déprendre du cas du seul Ganich.

Plus que de la transmission de la fidélité à partir de ce personnage, il faut poser l'hypothèse d'une transmission au sein d'un groupe plus large – les populations pyrénéennes – d'une tradition d'aide au carlisme en guerre depuis la France. Pour ne prendre que le cas de la contrebande, et rester près de Ganich, les permanences sont indéniables entre les deux guerres carlistes : permanences des trafics et des complicités qui les permettent, permanences des chemins de contrebande et des réflexes de défiance vis-à-vis de l'État[17].

Cette transmission constitue une sorte de cas-limite : s'agit-il bien de la transmission d'une fidélité ? La caractérisation idéologique du soutien des populations pyrénéennes françaises au carlisme n'est pas aisée. Tout au plus peut-on souligner que les sociabilités traditionnelles autour de la frontière et l'organisation transfrontalière de l'espace pyrénéen créent une solidarité de fait entre Français et Espagnols de part et d'autre de la frontière, ce qui favorise les phénomènes de fraternisation politique[18]. Reste alors à interpréter la part des souvenirs des engagements précédents dans les processus d'engagement, étude rendue particulièrement compliquée par le manque de sources. De fait, l'exercice est beaucoup plus aisé dans le cas des élites, et particulièrement de la noblesse.

## Henri de Cathelineau, la transmission de la fidélité par les armes

Ce n'est qu'au troisième chapitre de la dernière partie de la biographie rédigée par sa femme que l'Espagne apparaît sur le chemin de Henri de Cathelineau[19]. En 1883, un Cathelineau ayant atteint l'âge vénérable de

16 Elle est mentionnée dans la bibliographie de *A mis amigos de la frontera. El País Vasco francés en la aventura carlista (1833-1876)*. Bayonne, Musée Basque et de l'histoire de Bayonne, Museo Zumalakarregi, 2006. Je n'en ai pas encore retrouvé la trace.

17 Alexandre Dupont, *Une Internationale blanche. Les légitimistes français au secours des carlistes (1868-1883)*, thèse de doctorat, Université Paris I et Universidad de Zaragoza, 2015, chapitre 9.

18 Alexandre Dupont, « Comprendre la dissidence : les Basques et les Catalans de France, soutiens du carlisme ? », *Bulletin des doctorants et jeunes chercheurs du Centre d'histoire du XIX^e^ siècle*, 4-5, 2016, p. 9-19.

19 Victoire de Kermel, comtesse de Cathelineau. *Le général comte de Cathelineau : chevalier de la Légion d'Honneur, commandeur de l'ordre de Pie IX, chevalier de la*

soixante-dix ans, se lance dans son ultime combat politique : la défense des droits de don Carlos au trône de France, après la mort du comte de Chambord. Sous les dehors d'une querelle dynastique – c'est souvent le cas –, les orphelins du légitimisme se déchirent entre fidèles à la maison de France et défenseurs de l'idéologie traditionaliste. Cathelineau se range dans le deuxième camp et devient l'un des principaux animateurs du groupe dit des Blancs d'Espagne, auquel sa notoriété permet d'exister[20].

Il apparaît presque logique, en dernière instance, que celui qui aura été de tous les combats de la légitimité en Europe finisse par porter ses vœux sur un prince espagnol pour monter sur le trône de France. Il apparaît en revanche assez incongru que l'Espagne – une des terres les plus marquées par la contre-révolution et par la guerre civile au XIX^e siècle – soit aussi absente de la vie de ce *condottiere* légitimiste.

Son parcours, bien connu et étudié, peut se rappeler en quelques mots[21] : après avoir participé à la tentative de soulèvement légitimiste de 1832, Cathelineau part pour le Portugal où il sert le roi contre-révolutionnaire Miguel I^er pendant la guerre civile de 1828-1834. À la suite de la défaite des miguélistes, il semble qu'il n'ait pas suivi un certain nombre de ses compagnons d'armes français, qui s'engagent dans les rangs carlistes en Espagne. Cathelineau ne reprend du service qu'en 1860 où il s'engage, comme beaucoup d'autres, en Italie pour lutter contre le *Risorgimento*, successivement auprès du roi de Naples et du pape Pie IX. Rentré en France, il participe à la guerre franco-allemande de 1870-1871 à la tête d'un corps autonome rattaché à l'armée de la Loire, les Volontaires Vendéens.

Sa carrière de paladin de la contre-révolution s'en serait tenue là et Cathelineau se serait montré peu actif pendant les années 1870. En réalité, le général vendéen se lance dans de nouveaux combats, avec moins

---

*Tour et l'Épée et de Don Miguel de Portugal : sa vie et ses mémoires*, Paris, Desclée de Brouwer, 1909.

20 Sur les Blancs d'Espagne : Guy Augé, *Les Blancs d'Espagne. Contribution à l'étude d'une composante du royalisme français.* D.E.S., science politique, faculté de droit, Paris, 1967 ; Jean-Claude Drouin, « Les non-ralliés deux fois : les Blancs d'Espagne de 1883 à nos jours », dans Marc Agostino, Françoise Bériac et Anne-Marie Dom (dir.), *Les ralliements : ralliés, traîtres et opportunistes du Moyen Âge à l'époque moderne et contemporaine. Actes du colloque tenu à la Maison des sciences de l'homme d'Aquitaine, les 9, 10, 11 février 1995*, Bordeaux, CEMMC, 1997, p. 197-214.

21 Simon Sarlin, « Henri de Cathelineau et l'expérience du volontariat armé contre-révolutionnaire dans l'Europe du XIX^e siècle », dans Bruno Dumons et Hilaire Multon (dir.), *« Blancs » et contre-révolutionnaires en Europe*, *op. cit.*, p. 365-377.

d'intensité sans doute que par le passé, mais toujours dans le but de faire triompher la contre-révolution dans toute l'Europe. Parmi ces combats, la cause carliste figure en bonne place. Cathelineau rencontre don Carlos lors de la réunion qui se tient à Lucerne en novembre 1871 autour du comte de Chambord, rencontre au cours de laquelle le prétendant français affirme publiquement son soutien à la cause carliste. À la suite de cette rencontre, Cathelineau fait à don Carlos des offres de service que celui-ci accepte[22].

C'est surtout dans les premiers mois de la guerre que Cathelineau semble jouer un rôle important. L'épisode reste assez flou mais il est certain que Cathelineau acquiert alors une certaine influence au sein du carlisme, puisqu'il appartient à la Junte militaire vasco-navarraise créée en juillet 1872 par don Carlos pour coordonner l'effort de guerre. Cette structure, première ébauche du Comité carliste de Bayonne, qui allait devenir l'organisation centrale de l'aide internationale au carlisme, rassemble d'importants responsables carlistes et un Français, Cathelineau. Les tensions qui règnent alors au sein du carlisme conduisent à la dissolution de cette Junte au mois d'août par don Carlos, ce qui suscite la protestation des membres de la Junte et l'éloignement de Cathelineau du combat pour don Carlos.

Néanmoins, au mois de septembre, les autorités françaises, qui font surveiller Cathelineau, s'alarment de ses fréquents déplacements dans les Basses-Pyrénées, où il a acquis une propriété à Bassussary. La proximité du théâtre des combats, dans le Pays basque espagnol, laisse craindre aux responsables politiques des deux pays que Cathelineau, fidèle à ses habitudes, ne se mette à la tête des troupes carlistes insurgées. En réalité, il semble que Cathelineau observe l'armée carliste et prodigue ses conseils aux officiers de don Carlos. Cette activité ne perdure pas dans le temps, puisqu'à partir de 1873, Cathelineau n'apparaît plus que dans les collectes de fonds parisiennes en faveur du carlisme[23].

L'exemple de Cathelineau est révélateur à plusieurs titres. D'abord, son parcours est original à l'égard du carlisme puisque, jusqu'à plus ample

---

22 Lettre de don Carlos à Henri de Cathelineau, 25 novembre 1871, Archivo General de la Universidad de Navarra, Fondo Melchor Ferrer, Caja 7.

23 Sur le rôle de Cathelineau dans la guerre carliste, on se référera à Antonio Pirala, *Historia contemporánea. Anales desde 1843 hasta la conclusión de la actual guerra civil*, Madrid, Manuel Tello, 1875, t. 4, p. 107 et s. ; Julio Nombela, *Detrás de las trincheras. Páginas íntimas de la Guerra civil desde 1868 hasta 1876*, Madrid, Hernández, 1876, p. 264-266 ; Archives de la Préfecture de Police de Paris, B$^{A}$ 1002.

informé, il n'a pas participé à la première guerre. S'il y a fidélité dans son engagement, ce n'est donc pas vis-à-vis de cette cause en particulier. Et c'est justement l'intérêt de son cas : Cathelineau est l'archétype de la fidélité à la cause contre-révolutionnaire dans son ensemble. Il est une sorte de pendant légitimiste de Garibaldi, et passe de théâtre d'opérations en théâtre d'opérations pour défendre la cause là où elle en a besoin. Son cas, exceptionnel par l'intensité de son engagement, n'est pas unique : assez nombreux sont les légitimistes qui, après avoir soutenu les monarchies italiennes en péril ou la papauté menacée par le *Risorgimento*, se lancent dans l'aide au carlisme, au nom de la défense de la légitimité. La fidélité n'est donc pas seulement du ressort d'une cause particulière.

Cathelineau illustre aussi comment la fidélité à une cause étrangère, ou à des causes étrangères, peut aussi être une fidélité à la prise d'armes, au volontariat militaire. Ces catégories historiques sont désormais bien connues, mais le chef vendéen rappelle la pertinence de ce que Simon Sarlin a appelé un « romantisme légitimiste » propre aux décennies centrales du XIX^e^ siècle, qui pousse un certain nombre de contre-révolutionnaires à défendre leurs idées les armes à la main[24]. Si ce volontariat, auquel fait pendant le volontariat révolutionnaire, est aussi le produit d'une construction de la masculinité par le combat[25], il revêt une spécificité dans la noblesse légitimiste. La perte du prestige que conférait à la noblesse l'intégration de ses fils dans le corps des officiers des Anciens Régimes ne signifie pas la fin de l'engagement militaire des jeunes nobles. Bien plutôt, le volontariat au service de la cause confère titres honorifiques et prestige renouvelé dans l'imaginaire de ce corps social.

Enfin, Henri de Cathelineau souligne aussi, par son âge, qu'un certain nombre de témoins et d'acteurs de la première guerre étaient encore vivants, et qu'ils ont pu reprendre du service à l'occasion de ce nouveau conflit. La dimension de transmission de la fidélité par les anciens est centrale en ce qu'ils personnifient un combat dont l'ancienneté garantit en partie la légitimité. L'aura de Cathelineau, due au début de sa carrière au prestige de son grand-père[26], devient ainsi une autorisation morale pour le combat contre-révolutionnaire à la fin de sa vie. Qu'il

---

24 Sarlin Simon, *Le légitimisme en armes. Histoire d'une mobilisation internationale contre l'unité italienne*, Rome, EFR, 2013.

25 Anne-Marie Sohn, « Nation et apprentissage de la masculinité. L'exemple des jeunes Français au XIX^e^ siècle », *Mélanges de la Casa de Velázquez*, 42/2, 2012, p. 143-160.

26 Jacques Cathelineau (1759-1793), le « Saint de l'Anjou », qui avait mené les armées vendéennes pendant les guerres de la Révolution, était le grand-père de Henri.

se soit adjoint l'aide de ses fils dans son activité pro-carliste de 1872 est également symptomatique de la place centrale de la cellule familiale dans la transmission de la fidélité à la cause carliste chez les légitimistes français.

## Les Barraute et la transmission familiale

La famille de Barraute, installée à Rivehaute, dans les Basses-Pyrénées, constitue un cas exceptionnel dans l'aide au carlisme, pour de nombreuses raisons. Pour autant, ce cas exceptionnel permet d'observer une multitude de phénomènes diffus, comme s'ils étaient sous un miroir grossissant. Ce caractère illustratif de l'exception, du cas marginal, est d'ailleurs une des acceptions de ce qu'Edoardo Grendi avait théorisé en son temps sous le nom d'exceptionnel normal[27]. En somme, les Barraute concentrent les caractéristiques de la transmission familiale de la fidélité au carlisme.

Qui sont les Barraute ? Il s'agit d'une famille de petite noblesse des Basses-Pyrénées. Depuis 1835, elle possède les cinq sources du village de Saint-Christau et a ouvert deux établissements de bains qui assurent ses revenus : les Bains-Vieux et la Rotonde[28]. Le père, Jean-Armand, né en 1818, a épousé une Espagnole, María Maravillas Elio, qui est la sœur de Joaquín Elio, un des principaux généraux carlistes de la seconde guerre[29]. Jean-Armand, sans doute trop jeune pour avoir participé à la première guerre, devait pourtant avoir des liens avec le carlisme, pour en venir à épouser la sœur de l'un de ses principaux responsables.

Ils ont eu plusieurs enfants dont quatre fils qui sont engagés dans la guerre carliste comme officiers : Xavier est chef des guides de la garde royale, ce qui lui assure une réelle proximité avec don Carlos. Ce n'est pas son premier engagement militaire puisqu'il a successivement participé à l'expédition du Mexique et à la Guerre des Dix Ans à Cuba – cet engagement dans l'armée espagnole servira d'ailleurs de prétexte aux autorités françaises pour tenter de le déchoir de sa nationalité[30].

---

27 *Edoardo* Grendi, *« Microanalisi e storia sociale »*, *Quaderni Storici*, 35, 1977, p. 506-520.

28 Adolphe Joanne, *Pyrénées*, Paris, Hachette, 1872, p. 123-124.

29 Melchor Ferrer, *Historia del tradicionalismo español*, *op. cit.*, p. 86.

30 Archivo Histórico Nacional, Archivo del Ministerio de Asuntos Exteriores y de Cooperación, H 2459, despacho 395.

Le cas de Louis est tout aussi intéressant puisque c'est sous les drapeaux de l'État pontifical, dans le corps des zouaves pontificaux, qu'il a fait son baptême du feu. Là-bas, il a rencontré le frère de don Carlos, Alfonso, avec qui il s'est lié d'amitié, ce qui l'a conduit à suivre l'infant en Catalogne lorsque celui-ci forme le corps des zouaves carlistes, censé prolonger le corps des zouaves pontificaux sur un nouveau champ de bataille. Louis de Barraute est officier de ce corps.

Charles de Barraute, lui non plus, n'en est pas à sa première campagne, puisqu'il a combattu dans l'armée de l'Est au cours de la guerre franco-allemande de 1870-1871. Ses velléités d'engagement remontent, semble-t-il, à l'adolescence et une fois engagé dans l'armée carliste, il y obtient le grade de commandant et devient aide de camp de son oncle Elio.

Quant à Tristan, le plus jeune, il s'agit de son premier engagement, ce qui ne l'empêche pas, comme ses frères, de tout de suite obtenir un poste d'officier. D'abord à la tête d'une compagnie de Navarre, il est lui aussi aide de camp de son oncle pendant un temps, avant de diriger deux escadrons de cavalerie près d'Estella, la « capitale » carliste[31].

Les parents Barraute ne restent pas inactifs. Non contents d'accueillir l'oncle Elio mourant, qui finit ses jours à Rivehaute en janvier 1876 et est enterré dans le caveau familial, ils s'engagent en faveur de don Carlos. Jean-Armand est ainsi un homme écouté par le prétendant, aux côtés duquel il apparaît sur certaines photographies officielles du carlisme. Il est d'ailleurs le seul Français admis au conseil formé par don Carlos à Paris en 1869 pour élaborer une stratégie de reprise du pouvoir[32].

En outre, il est fortement soupçonné par les autorités françaises d'avoir transformé son établissement de bains en refuge pour les carlistes, profitant de la confusion que produit la venue de nombreux Espagnols chez lui pendant la saison des bains[33]. Plusieurs perquisitions ont lieu à son domicile, notamment lorsque la police pense y trouver don Carlos. L'une d'elles conduit, en mai 1872, à l'arrestation des fils du marquis de

---

31 Sur les frères Barraute, voir le récit hagiographique qu'en fait le publiciste français Louis de Joantho : Louis DE JOANTHO, *Don Carlos et les Carlistes, notes, esquisses, portraits à la plume*. Paris, Lachaud et Burdin, 1874, p. 88-92.

32 Antonio PIRALA, *Historia contemporánea…*, op. cit., p. 481-490.

33 Archives nationales F7 12576 – « Extraits des communications adressées par les Consuls d'Espagne de la frontière à MM. les Préfets des Départements du Midi sur les affaires carlistes », p. 23.

la Romana et du fils d'Elio, et déclenche une polémique dans la presse française[34].

La famille Barraute présente des particularités évidentes qui expliquent la vigueur de son engagement en faveur du carlisme. La principale, bien sûr, est que, toute française qu'elle soit, elle est liée à un des principaux responsables carlistes des années 1860 et 1870. En ce sens, il est normal que ses membres soient incités à s'engager, pour des « raisons de famille ». On se trouve là face au cas-limite d'une famille franco-espagnole carliste, où la transmission de l'engagement au sein de la cellule familiale est d'autant plus aisée que les aînés sont encore en activité – qu'il s'agisse d'Elio ou de Jean-Armand.

Il faut d'ailleurs souligner ici, comme c'est souvent le cas, la place centrale qu'a dû tenir María Maravillas de Barraute Elio dans ce processus de transmission. D'une part, en tant que femme, elle doit assurer, d'après les canons catholiques et élitaires du temps, l'éducation des enfants, éducation qui passe par la transmission des valeurs. D'autre part, elle constitue le maillon essentiel entre cette famille française et la cause carliste : elle est un intermédiaire qui assure la diffusion de l'idéal carliste dans sa famille.

Enfin, l'engagement dans l'aide au carlisme de la majeure partie de la fratrie est également remarquable. Il est vrai que chacun a suivi un parcours différent. La plupart n'en est pas à sa première expérience militaire, mais là aussi, la diversité est de rigueur, entre patriotisme espagnol pour Xavier, patriotisme français pour Charles et internationalisme contre-révolutionnaire pour Louis. Néanmoins, il est difficile de ne pas imaginer que les logiques internes à la famille ont été d'un poids important dans cette décision d'engagement collectif, chacun se trouvant obligé par l'engagement des autres.

Cas particulier, en somme, que cette famille de la petite noblesse française, installée près de la frontière – donc ayant pour la cause un intérêt stratégique –, possédant des liens avec la noblesse carliste espagnole, présentant une intensité et une palette d'engagements remarquables et qui illustre jusqu'à la caricature la place de la famille dans la transmission d'une fidélité à l'échelle transnationale.

Pour autant, cet exemple n'est aussi, finalement, que le point de rencontre de multiples processus qui expliquent les voies variées de la

---

34 *L'Union*, 22 mai et 7 juin 1872.

transmission de la fidélité à une cause étrangère dans un contexte familial : existence de liens de sang, prégnance des déterminations idéologiques et de la politisation familiale, maintien d'une position sociale stratégique, appartenance à une société et à une sociabilité transfrontalières, logiques internes de concurrence et d'émulation dans l'engagement entre générations, etc. Tous ces éléments ont peu de chance, effectivement, de se trouver réunis dans une même famille. Mais ils balayent l'ensemble du spectre de la transmission familiale de la fidélité. L'exceptionnalité du cas des Barraute nous ouvre une fenêtre privilégiée sur la normalité de dizaines de processus de transmission restés dans l'ombre.

Dès lors, les mécanismes de transmission de la fidélité à une cause étrangère, et donc les processus de maintien sur le long terme d'une solidarité contre-révolutionnaire transnationale, ici entre France et Espagne, ne présentent pas de spécificités particulières. Comme dans les cas de transmission de fidélités « nationales », l'évolution personnelle, la famille, la sociabilité ou le champ politique jouent un rôle déterminant, avec, en l'espèce, une place singulière accordée à la famille. Déterminante est aussi, semble-t-il, la présence des anciennes générations, non seulement comme gardiens de la mémoire mais aussi comme acteurs des nouveaux combats, comme incarnations d'une fidélité qui peut se transmettre par l'exemple.

S'il faut retenir une spécificité de ce cas d'internationalisme politique, elle est plutôt à chercher dans les publics touchés par cette transmission de la fidélité. En effet, le vivier potentiel de soutiens au carlisme est, somme toute, assez réduit : quelques centaines, quelques milliers de personnes. Cela tient, bien sûr, au fait que l'internationalisme est toujours limité numériquement. Pour autant, on peut aussi avancer l'idée d'une autolimitation des publics, liée aux espaces où peut se transmettre la fidélité. Les partisans français du carlisme ne manquent pas d'utiliser les moyens de communication modernes pour attirer de nouveaux soutiens à la cause, ce qui se révèle partiellement efficace. Ils recrutent d'autant plus facilement ceux qui, par leur histoire familiale, leur sociabilité quotidienne, leur position socio-économique, se trouvent pris dans des relations qui les rappellent à la fidélité à la cause des légitimistes espagnols, ceux pour qui l'adhésion au carlisme est moins le produit d'un cheminement intellectuel que le résultat d'une imprégnation depuis le plus jeune âge.

# Éloge de la fidélité dynastique en temps de révolutions.

## Edmond Biré (1829-1907) et la contre-histoire royaliste au début de la Troisième République

Paul CHOPELIN

> Je suis de ceux, et je ne m'en cache pas, qui, mécontents du présent, peu confiants dans l'avenir, aiment à revivre les jours d'autrefois.[1]

Edmond Biré est né à Luçon le 13 mars 1829, dans une famille de sensibilité royaliste légitimiste. Héritant de l'office notarial paternel, son frère aîné, Alfred (1826-1897), est sénateur monarchiste de Vendée de 1887 à 1897[2]. Edmond a été quant à lui élève du collège royal de Poitiers, avant d'entreprendre des études de droit à Paris de 1847 à 1852. Témoin des événements de 1848, il publie son premier article politique dans le journal légitimiste *La Mode* pour tourner en ridicule Jules Michelet, présenté comme le prophète incompris de la République[3]. En mai 1853 a lieu la rencontre décisive avec le célèbre critique littéraire Armand de Pontmartin (1811-1890), qui lui permet de publier régulièrement dans les colonnes du journal légitimiste *L'Assemblée Nationale*. Devenu avocat, il s'inscrit au barreau de Nantes en 1854, avant d'être nommé, en 1859, secrétaire de la Chambre de commerce de cette même ville. Il continue de soutenir l'opposition légitimiste, notamment par l'écriture de chansons satiriques dirigées contre le régime impérial, ce qui lui vaut quelques démêlés avec les autorités. En 1870, il prend la direction de la savonnerie Serpette, grande entreprise nantaise, créée en 1844 pour concurrencer

---

1 *Alfred Nettement. Sa vie et ses œuvres*, Paris, Lecoffre, 1901, p. 2. Sauf mention contraire, tous les ouvrages cités dans cet article sont de la plume d'Edmond Biré.

2 Adolphe ROBERT et Gaston COUGNY, *Dictionnaire des parlementaires français*, Paris, Bourloton, 1889, t. 1, p. 328.

3 « Voyage autour du Collège de France », *La Mode*, 18 juin 1848, p. 637-640.

le savon de Marseille. Il entreprend parallèlement un important travail d'historien et de critique littéraire dans la presse locale et nationale, de tradition catholique et légitimiste. En 1886, parvenu à se constituer un capital lui permettant de vivre de ses rentes, il quitte la direction de la savonnerie Serpette pour se consacrer entièrement à l'écriture. Il meurt à Nantes le 15 mars 1907[4].

Il a publié trente-quatre ouvrages de son vivant et sept ouvrages posthumes[5]. Sa production historique est constituée majoritairement de recueil d'articles parus dans la presse, comptes rendus de lecture ou études originales, rassemblés sous le titre de « Portraits » ou de « Causeries ». Il s'est intéressé avant tout aux hommes de lettres – écrivains, poètes, historiens et avocats – qui ont traversé la Révolution et le XIXe siècle. Il a ainsi beaucoup écrit sur les grandes personnalités du royalisme littéraire ou supposées telles : François René de Chateaubriand, Victor Hugo, Honoré de Balzac, Alfred de Musset, Alfred Nettement, Victor de Laprade et Armand de Pontmartin. Le reste de son œuvre historique est centré sur la période de la Révolution française, sa période de prédilection, dans une perspective résolument contre-révolutionnaire.

Le personnage d'Edmond Biré est intéressant à double titre. Il incarne tout d'abord un pan largement méconnu de l'historiographie du second XIXe siècle, celle des compilateurs et des vérificateurs, qui œuvrent hors du cadre universitaire. Ils ont, à ce titre, peu intéressé les historiens de la discipline. Totalement oublié des travaux sur l'historiographie de la Révolution[6], surtout centrés sur les auteurs républicains et libéraux, il a pourtant été beaucoup lu en son temps, comme en témoignent les nombreuses rééditions de ses recueils de « portraits ». Ses ouvrages sont publiés chez les grands éditeurs catholiques – Mame, Lecoffre et, surtout, le Lyonnais Vitte –, mais également chez des éditeurs spécialisés dans l'histoire et la littérature (Perrin, Garnier, Champion). Par ailleurs, Edmond Biré illustre parfaitement ce qui constitue l'une des principales caractéristiques de l'histoire légitimiste, à savoir l'éloge de la fidélité politique à travers les vicissitudes de l'histoire.

---

4 Les éléments biographiques les plus complets ont été rassemblés par Pierre d'Hérouville, « Le centenaire d'Edmond Biré (mars 1829-mars 1929) », *Études*, t. 199, 1929, p. 324-333.

5 Dont on trouvera la liste en annexe.

6 À l'exception d'Alice Gérard, qui le qualifié d'érudit, se faisant « une spécialité de démolir méthodiquement les légendes dorées de la Révolution » : *La Révolution française, mythes et interprétation 1789-1970*, Paris, Flammarion, 1970, p. 69.

## Chroniqueur et mémorialiste de la fidélité légitimiste

La fidélité à la branche aînée des Bourbons est au cœur de toute la production littéraire d'Edmond Biré. Il suit en cela la ligne tracée par son maître, Armand de Pontmartin, dans une préface donnée aux *Dialogues des vivants et des morts* (1872). Ce second ouvrage personnel de Biré constitue une violente charge contre la Commune de Paris en particulier et contre l'esprit révolutionnaire en général, imputé au scepticisme voltairien. Pontmartin fait l'éloge de l'auteur en expliquant quelle est la mission dévolue à l'homme de lettres légitimiste :

> Il nous restait à nous, hommes de tradition monarchique, libres de tout engagement avec les funestes régimes du 2 décembre [1851] et du 4 septembre [1870], deux grands devoirs à remplir, deux moyens de salut peut-être : lutter, combattre, parler, écrire, agir ; nous tenir obstinément sur la brèche, donner l'exemple du travail à cette démagogie qui nous traite d'oisifs et d'inutiles ; mettre largement en pratique le *laboremus* de l'empereur Sévère ; et, pour que notre tâche fût plus féconde, remonter des effets aux causes, des œuvres aux personnes, venger la vérité, la liberté, la justice, la morale tant de fois offensées par les précurseurs et les continuateurs de nos désastres ; les saisir au passage avant qu'ils ne disparaissent de la scène ou soient amnistiés par l'oubli.[7]

Pontmartin promeut un véritable sacerdoce érudit, au service de la religion catholique et de la légitimité dynastique :

> L'homme de bien, le père de famille, le travailleur infatigable, a fait deux parts de son existence si active et si bien remplie : l'une au foyer domestique, aux chers objets de ses tendresses, à ce labeur journalier où les âmes d'élite se retrempent et se fortifient ; l'autre à des études littéraires, acceptées et poursuivies, non pas comme mirages d'imagination ou futiles contentement d'amour-propre, mais comme moyen de servir les nobles et saintes causes, de renseigner l'histoire, de protester contre l'erreur, de réfuter les préjugés et les engouements populaires.[8]

Érigé, au sens propre comme au sens figuré, en croisé de l'histoire, Biré entend faire justice des impostures révolutionnaires et républicaines, afin de mieux défendre la mémoire du bon régime monarchique. Très significativement, il publie l'essentiel de son œuvre après la mort du comte de Chambord (1883), alors que les perspectives d'une restauration

---

7 *Mes souvenirs (1846-1870)*, Paris, Lamarre, 1908, p. IX.

8 *Ibid.*, p. X-XI.

royaliste s'estompent. L'historien fait donc tout autant œuvre de gardien que de passeur de mémoire, à destination des nouvelles générations qui n'ont pas connu les grands combats politiques engagés par les légitimistes français entre les années 1830 et les années 1870. Lorsqu'en 1900 il publie le premier tome des *Mémoires* de Louis d'Andigné, héros de la chouannerie et soutien inconditionnel de la branche aînée des Bourbons jusqu'à sa mort en 1857, Biré met en exergue la constance politique du personnage :

> Il fut *fidèle*. Il a vécu 92 ans. Il a traversé douze ou quinze révolutions. Il n'a servi qu'une cause, il n'a prêté qu'un serment. De cela, du reste, il ne se faisait point un mérite, trouvant la chose la plus naturelle du monde. [...] La postérité est volontiers oublieuse. Il est bon cependant que de telles existences soient connues. Elles nous disent que le succès est de peu de prix et que l'honneur est le bien suprême ; que la vraie gloire est là seulement où sont le sacrifice, la générosité, le dévouement, le devoir. Elles nous apprennent qu'il n'y a pas de belles renommées en dehors de la fidélité à quelque chose de grand. Le temps présent surtout a besoin qu'on lui rappelle ces choses. Les *Mémoires* du général d'Andigné viennent à la bonne heure.[9]

L'histoire est une leçon de courage dans l'adversité. Privés de prétendants après la mort du comte de Chambord, « Henri V », et du duc d'Orléans, « Philippe VII », les royalistes français ont abandonné l'espoir d'une prochaine restauration de la monarchie. Les uns se rallient à la République, les autres se réfugient dans la religion, tandis que le patriotisme devient le principal moteur de leur engagement politique. Pour Biré, cela ne suffit pas. En éditant les *Mémoires* de d'Andigné, il entend ériger l'honneur et la fidélité à une dynastie, même déchue, comme une fin politique en soi, permettant au mouvement royaliste de se perpétuer face au régime républicain.

Historien de la fidélité légitimiste, Biré l'est avant tout à travers ses souvenirs personnels, publiés à titre posthume en 1908 et reprenant les quarante premières années de sa vie, jusqu'à la chute de l'Empire en 1870. Dans sa préface, Biré se présente explicitement comme un chroniqueur, non pas de sa propre vie, mais de celles des individus qu'il a côtoyés, fidèles serviteurs du trône et de l'autel :

> Ces *Souvenirs* ne seront donc pas ceux d'un homme de lettres, puisqu'aussi bien je ne l'ai pas été. J'y parlerai surtout de mes parents et de mes amis, qui furent de braves gens, sans prétention, mais non sans esprit et sans vertu,

---

9 *Mémoires du général d'Andigné*, Paris, Plon-Nourrit, 1900, t. 1, p. 39 et 48.

> honnêtes, généreux, religieux, désintéressés, fidèles. Mon but serait atteint si, en fermant ce volume, le lecteur se disait : Allons ! Tout n'est pas perdu : il y a encore en France de braves gens ![10]

En première place de cette galerie de portraits intimes, Biré évoque bien sûr la fidélité de sa famille, à travers son père, Augustin Biré, présenté comme un « légitimiste intransigeant », qui prend garde d'instruire son fils dans les bons principes. Il lui a notamment légué un portrait de Pierre-Antoine Berryer, le chef de file du légitimisme français sous la Monarchie de Juillet et le Second Empire, ainsi qu'une lettre autographe de ce dernier, deux objets qu'Edmond conserve pieusement, comme symboles de cette filiation politique : « J'ai été élevé par mes parents dans le culte de Berryer et cela ne m'a point passé. » La rencontre, en 1834, à Poitiers, avec le grand tribun marque d'ailleurs profondément le jeune homme, qui retrouve son héros à Paris en mai 1853. Il note, non sans émotion, qu'à cette occasion Berryer le reçut « comme un parent ». Son grand-père paternel est l'autre figure de cette fidélité familiale : abonné à *La Quotidienne*, le principal organe du parti ultra sous la Restauration, le vieil homme commente avec passion l'actualité du moment, tandis que les portraits gravés des généraux vendéens, qui ornent les murs de son salon, fascinent son petit-fils. Cet aïeul incarne d'ailleurs à ses yeux l'expression de la fidélité dynastique la plus pure :

> La chaleur de ses opinions était d'autant plus grande qu'elles avaient surtout leur foyer dans son cœur. Ces princes qu'il n'avait jamais vus, qu'il ne devait jamais connaître, il les aimait à l'égal de ses parents les plus proches ; il ne séparait pas, dans ses affections, la famille royale de sa propre famille. Et c'est pourquoi, si modeste que fût sa condition, les joies trop rares qui éclairaient parfois les lambris dorés des Tuileries, projetaient leur reflet jusque sur son humble toit, comme aussi les douleurs qui assombrissaient, hélas, trop souvent le vieux palais, mettaient sa maison en deuil. Le jour où il apprit l'assassinat du duc de Berry, il tomba sérieusement malade.[11]

Lorsqu'il évoque son séjour au collège de Poitiers, Biré dresse le portrait de ses condisciples, en s'attardant sur leur carrière politique ultérieure au service de la cause bourbonienne, sous le Second Empire et la Troisième République. De même, le récit des événements politiques dont il est le témoin de 1848 à 1870, fait la part belle au dévouement et au courage des députés du parti légitimiste, mais aussi de ses journalistes, ceux de

---

10 *Mes souvenirs*, *op. cit.*, p. XI.

11 *Ibid.*, p. 24-25.

*La Quotidienne*, de la *Gazette de France*, de *La Mode* et de *L'Opinion publique*[12]. La description des locaux de *L'Hermine*, le journal légitimiste nantais, avec son pittoresque rédacteur en chef, ancien officier de la garde royale[13], et ses murs décorés des portraits du comte de Chambord, de Berryer et du marquis de Dreux-Brézé, illustre la vocation quasi ethnographique de ce témoignage militant[14].

Ses souvenirs constituent une collection d'*exempla* légitimistes, fondés sur le désintéressement, l'humilité et le sens du devoir, au moment où le pays est gouverné par « l'usurpation », qu'elle soit orléaniste, républicaine ou bonapartiste[15]. Edmond Biré se met lui-même volontiers en scène en « pur et dur » de la cause royaliste, refusant de suivre les consignes de Berryer qui autorisent les jeunes légitimistes à servir le régime. Il préfère devenir avocat à Nantes plutôt que d'obtenir un emploi de magistrat à Paris[16]. Soit le comportement inverse de celui adopté par Victor Hugo, figure obsédante sous la plume d'Edmond Biré, qui déteste le « traître » à la cause monarchique, tout en admirant le poète auquel il ne consacre pas moins de quatre ouvrages[17].

En relatant son propre parcours, l'historien fait revivre tout un univers militant, composé de députés, de sénateurs, de magistrats et de journalistes

---

12 Alfred Nettement, Adolphe Sala, Voillet de Saint-Philbert, Albert de Circourt.

13 « C'était un ancien officier de la garde royale, démissionnaire en 1830, qui servait le roi de sa plume après l'avoir servi de son épée, qui trouvait tout simple de travailler comme quatre, de batailler d'un bout de l'année à l'autre, de se battre en duel à l'occasion, d'aller en prison au moins une fois l'an, et de toucher, pour ces multiples besognes, des appointements dont ne se contenterait pas aujourd'hui un garçon de bureau. Après tout, c'était le bon temps : on allait en prison, mais on était défendu par Berryer ! » (*Mes souvenirs*, *op. cit.*, p. 247).

14 Tout comme la description de l'intérieur du château d'Alfred de Falloux à Bourg d'Iré, avec ses précieuses reliques, témoignant de la fidélité dynastique du propriétaire des lieux : un portrait en miniature de Madame Élisabeth, donnée par elle à la grand-mère de Falloux, ainsi qu'un portrait de Louis XVI, porté en bague par Marie-Antoinette, que la duchesse d'Angoulême avait monté en broche avant de le léguer à Falloux (*ibid.*, p. 307).

15 Le récit de la vie « exemplaire » d'Arthur de La Borderie, le célèbre historien de la Bretagne, député légitimiste (1871-1876), s'ouvre par ces mots : « C'est une belle vie que celle d'Arthur de La Borderie et je la veux résumer dans ces pages. »

16 « J'engage les fils de mes amis à entrer soit dans l'armée, soit dans la magistrature. Ils serviront ainsi la France et qui sert la France, sert le roi », écrivait Berryer au père de Biré (*Mes souvenirs*, *op. cit.*, p. 246).

17 *Victor Hugo et la Restauration. Étude historique et littéraire*, Paris, Lecoffre, 1869 ; *Victor Hugo avant 1830*, Paris, Gervais, 1883 (rééd. 1902) ; *Victor Hugo après 1830*, Paris, Perrin, 1891 (rééd. 1899) ; *Victor Hugo après 1852*, Paris, Perrin, 1894.

dont les futures générations royalistes doivent entretenir la mémoire. Les *Souvenirs* apparaissent de ce point de vue comme le versant intime des portraits d'écrivains célèbres qu'il publie, soit en articles, soit en volumes, au cours des années 1880-1900. Cette galerie des grandes plumes royalistes est tout autant destinée à constituer un panthéon littéraire, qu'à proposer des modèles concrets de comportement politique. Que ce soit Honoré de Balzac, Paul Féval, Armand de Pontmartin, Alfred Nettement ou Victor de Laprade, tous ont eu le mérite de « ne servir qu'une seule cause » et d'être restés, leur vie durant et, parfois, au détriment de leur carrière, fidèles aux Bourbons[18]. Le même esprit patrimonial préside aux textes de présentation des *Mémoires d'outre-tombe* de Chateaubriand et des œuvres complètes d'Alfred de Musset : les jeunes générations doivent savoir que tous les grands hommes de lettres du XIX^e^ siècle n'étaient pas républicains ou démocrates, loin s'en faut[19]. La réhabilitation littéraire de Chateaubriand a d'ailleurs été l'un des grands combats de Biré. Dans ses *Souvenirs*, il explique sa tristesse de voir paraître les *Mémoires d'Outre-Tombe* en feuilleton, dans *La Presse*, au milieu de la plus grande indifférence[20]. C'est pour réparer cette injustice qu'il s'attelle à la publication d'une première édition raisonnée, publiée en six volumes en 1899-1900. Dans son introduction, Biré fustige la mesquinerie des républicains, des orléanistes et des bonapartistes qui auraient organisé la *damnatio memoriae* du grand homme. Outre le style et la grandeur poétique de l'œuvre, Biré souligne les vertus morales de Chateaubriand, homme de fidélité et d'honneur, qui doit rester un exemple à suivre : « Il est aussi le maître de l'honneur et, comme me l'écrivait un jour Victor de Laprade – qui avait cependant de bonnes raisons pour ne pas déprécier la poésie et pour la mettre en bon rang – l'honneur passe avant tout, même avant la poésie[21]. »

---

18 *Victor de Laprade, sa vie et ses œuvres*, Paris, Perrin, 1886 ; *La presse royaliste de 1830 à 1852. Alfred Nettement, sa vie et ses œuvres*, Paris, Lecoffre, 1901 ; *Armand de Pontmartin, sa vie et ses œuvres (1811-1890)*, Paris, Garnier, 1904 ; *Honoré de Balzac*, Paris, Champion, 1907 ; *Chateaubriand, Victor Hugo, Honoré de Balzac*, Paris-Lyon, Vitte, 1907 ; « Paul Féval », *Portraits littéraires*, Lyon-Paris, Vitte, 1907, p. 189-231.

19 *Mémoires d'Outre-Tombe par M. le Vicomte de Chateaubriand. Édition critique*, Paris, Garnier, 1899-1900, 6 vol. ; *Œuvres complètes d'Alfred de Musset*, Paris, Garnier, 1907-1909, 8 vol.

20 *Mes souvenirs, op. cit.*, p. 125-128.

21 *Mémoires d'Outre-Tombe*, op. cit., vol. 1, p. XLI.

## Une contre-histoire de la Révolution et de la Restauration

Historien militant, Biré se considère avant tout comme un justicier. Tout son engagement littéraire consiste à rassembler des preuves de la loyauté ou de la trahison des différents acteurs politiques du siècle écoulé, afin d'éclairer les contemporains et de contredire la version officielle propagée par les vainqueurs du jour. Il souhaite ainsi élaborer une contre-histoire, à rebours du « roman national » élaboré par les républicains, Michelet – sa bête noire – en tête. Déconstruire les légendes, rétablir la vérité, tel est le programme que se fixe Edmond Biré en tant qu'historien de la Révolution :

> Il me semble que l'histoire de la période révolutionnaire n'a pas été moins défigurée que ne l'avait été, pendant si longtemps, l'histoire du Moyen Âge. Besoin est donc d'y porter aussi la lumière, de détruire les erreurs qui la dénaturent, les mensonges qui la faussent. Aussi bien, c'est ici surtout que les légendes sont funestes. Combien de fois n'est-il pas arrivé qu'elles se sont traduites en actes et qu'elles ont créé les événements ? L'esprit révolutionnaire restera debout tant que les légendes révolutionnaires ne seront pas renversées. Vienne le jour où l'histoire leur substituera la vérité ! Ce jour-là, le salut sera proche, car nous serons enfin désaveuglés.[22]

Persuadé de faire œuvre salutaire, Biré ne distingue pas son travail d'historien de son militantisme royaliste. Dévoiler la « réalité » de la Révolution permet de justifier pleinement l'engagement contre-révolutionnaire du chercheur, comme du lecteur. La nocivité du régime républicain doit apparaître au grand jour, car tous les malheurs de la France remonteraient, selon lui, à l'abolition de la royauté en 1792 :

> En 1792, à une monarchie de quatorze siècles la république a été substituée, une république baptisée dans le sang par la main du crime. Toutes les traditions ont été rompues. Comme un vaisseau qui a perdu ses ancres, la France est devenue le jouet des tempêtes et des révolutions ; elle a subi trois invasions, elle a perdu deux provinces. La Révolution, qui sent bien qu'à elle seule incombe la responsabilité d'aussi effroyables malheurs, a compris qu'il lui fallait trouver une excuse. Une fois de plus, elle a payé d'audace : elle a fait le procès à ses victimes, elle a traduit à la barre de l'opinion cette royauté qu'elle avait renversée, ce clergé qu'elle avait proscrit, ces gentilshommes qu'elle avait égorgés, cette France d'autrefois qu'elle avait noyée dans des flotsde sang. De là, ces violents réquisitoires contre l'ancien régime, ces perpétuels travestissements de l'histoire et de la vérité.[23]

---

22 *Légendes révolutionnaires*, Paris, Champion, 1893, p. V-VI.

23 *Ibid.*, p. 308.

À ce titre, Biré peut être considéré comme l'un des principaux acteurs, dans le camp royaliste, de l'affrontement historiographique du centenaire de la Révolution[24].

Cette volonté quasi messianique de réécrire l'histoire de la Révolution débute par la déconstruction du mythe des Girondins. Davantage que Lamartine, Michelet a largement contribué à fonder la légende dorée des Girondins, présentés comme des révolutionnaires modérés, des républicains raisonnables, devant inspirer les acteurs politiques de 1848[25]. Dans une série d'articles parus dans *Le Correspondant* de mai à novembre 1880 et repris en volume en 1881, sous le titre *La légende des Girondins*, Biré entend dénoncer la sympathie abusive que les Girondins ont inspirée à la plupart des historiens de la Révolution, de quelque bord qu'ils soient. Il n'est pas tant inquiet de l'admiration que les républicains portent, fort logiquement selon lui, aux Girondins, que de l'existence de véritables « dévots » de la Gironde au sein même du camp royaliste[26]. L'ouvrage entend démontrer, à partir de la bibliographie existante, que les Girondins ont joué un rôle déterminant dans le procès de Louis XVI et la mise en place de la Terreur. En aucune façon, ils ne peuvent être considérés comme des modérés dignes d'admiration. Dans ce livre, Edmond Biré, fidèle à sa formation de juriste, pense en magistrat. Il instruit un procès et élabore une véritable procédure d'enquête historique, au service de la cause royaliste : recherche des origines du « mythe », reconstitution des étapes de sa propagation dans l'historiographie, dénonciation de la légèreté méthodologique des auteurs précédents, surtout si ceux-ci sont républicains, retour aux sources originales, réévaluation de la situation dans son contexte et établissement d'un jugement moral rétrospectif,

---

24 Qui reste à étudier de façon approfondie. Seule l'historiographie catholique contre-révolutionnaire, non spécifiquement royaliste, a été quelque peu évoquée dans les travaux portant sur le centenaire de 1889. Principalement : Marc Angenot, *1889. Un état du discours social*, Longueuil, Éditions du Préambule, 1989, p. 662-673 ; « Les catholiques français en 1889 », dans Pierre Colin (dir.), *D'un centenaire à l'autre. Les catholiques français et l'héritage de 1789 (1889-1989)*, Paris, Beauchesne, 1989, p. 27-67.

25 Paul Viallaneix, « Michelet et les Girondins : révision d'un procès », dans François Furet et Mona Ozouf (dir.), *La Gironde et les Girondins*, Paris, Payot, 1991, p. 73-87.

26 *La légende des Girondins*, Paris, Perrin, 1896 (1re éd. 1881), p. II (préface de la 1re édition). Sur l'interprétation libérale de la Révolution par certains historiens catholiques et royalistes : Sylvain Milbach, « "Elle est toujours vivante : elle nous entoure, elle domine". Les catholiques libéraux et la Révolution autour de 1848 », *Annales historiques de la Révolution française*, n° 362, 2010, p. 55-78.

fondé sur la supposée malignité intrinsèque de la Révolution française. Il reprend cette méthode dans la série d'articles rassemblés en volume à l'occasion du centenaire de la Terreur, en 1893, sous le titre *Légendes révolutionnaires*. Le pacte de famine de Louis XV, les prisonniers de la Bastille, les Girondins, les soldats de l'an II, le maire de Rennes Jean Leperdit, l'œuvre éducative de la Convention et le complot de la Congrégation sous la Restauration sont autant de « légendes noires » que Biré entend démonter point par point pour mieux dénoncer la malhonnêteté des historiens républicains. Les nombreux comptes rendus d'ouvrages historiques, parus isolément dans des journaux ou rassemblés dans des recueils, obéissent à la même démarche, ce qui permet à Biré de distribuer les bons et les mauvais points, tout en refaisant inlassablement le procès de la Révolution « antichrétienne » et « antimonarchique »[27].

Mais c'est en mémorialiste, son rôle de prédilection, que Biré entend le mieux dénoncer les méfaits des révolutionnaires, au moment où les autorités de la Troisième République célèbrent avec pompe le centenaire de la « Grande Révolution ». À cette fin, il endosse les habits d'un contemporain des événements et propose un pastiche de journal relatant les événements parisiens entre septembre 1792 et juillet 1794, sous le titre *Journal d'un bourgeois de Paris pendant la Terreur*[28]. Les faits évoqués sont documentés par le moyen de notes de bas de page, renvoyant à des documents d'époque, pour la plupart issus de la collection de son ami Gustave Bord[29], ou à des travaux historiques postérieurs. Biré utilise le « bourgeois de Paris », incarnation de l'« honnête homme », partisan de l'ordre, pour dénoncer la démagogie et la brutalité des révolutionnaires, « les tartuffes de la guillotine », individus hypocrites et sans scrupules[30]. La

27 *Causeries historiques. Les historiens de la Révolution et de l'Empire*, Paris, Bloud et Barral, 1897 ; *Le clergé de France pendant la Révolution (1789-1799)*, Lyon, Vitte, 1901.

28 L'ouvrage est d'abord publié en trois volumes successifs : *Journal d'un bourgeois de Paris pendant la Terreur* (1884), *Paris en 1793* (1888), puis *Paris sous la Terreur* (1890). Tous sont ensuite rassemblés dans une série récapitulative, complétée et actualisée, intitulée *Journal d'un bourgeois de Paris sous la Terreur* et publiée en 5 volumes chez Perrin (1895-1898). *Paris en 1793* reçoit le second prix Gobert de l'Académie Française en 1889.

29 Gustave Bord (1852-1934) est un historien catholique et royaliste qui a consacré plusieurs ouvrages à la Révolution Française et à ses supposées origines maçonniques. Sa démarche méthodologique, fondée sur la déconstruction des mythes républicains, est très proche de celle de Biré.

30 Dans un dialogue imaginaire, Biré décrit ainsi l'attitude de son narrateur : « Ah, vous, du moins, vous êtes resté honnête ! Vous auriez pu, vous aussi, comme Camille Desmoulins, comme Maximilien Robespierre, comme tant d'autres de mes élèves, vous lancer dans la révolution, flatter la populace, servir ses haines pour obtenir ses

démocratie est parée de tous les vices, notamment lorsque la constitution républicaine de 1793 est présentée comme une « comédie », destinée à soumettre le peuple aux caprices des nouveaux dirigeants. Ceux-ci ne trouvent aucune grâce aux yeux de l'auteur. Tous les éléments de la légende noire de Marat et de Robespierre sont repris sans discussion. À l'inverse, Biré dresse des portraits flatteurs des militants royalistes, qui essaient courageusement d'endiguer le flot de la « démagogie », à l'instar de l'abbé Royou ou du juge de paix Valentin Buob, « martyr » royaliste des massacres de septembre. Cette galerie des « héros ordinaires », journalistes et magistrats, fait bien sûr écho aux portraits de militants légitimistes du XIX<sup>e</sup> siècle apparaissant dans les autres œuvres de Biré. Le présent utilisé dans ce pseudo-journal confère une actualité au texte et permet de renvoyer à des combats plus contemporains. Quand Biré écrit « Grâce à Dieu, ce n'est pas le courage qui fait défaut aux écrivains royalistes », le lecteur est évidemment invité à considérer cette affirmation comme une maxime valant pour le présent[31]. Le diariste fictif ponctue son récit de réflexions ironiques, en insistant sur l'écart entre les idéaux défendus par les révolutionnaires et la violence d'un quotidien à l'ombre de la guillotine. La plus grande gravité est néanmoins de mise dans les descriptions du procès et de l'exécution de Louis XVI, de Marie-Antoinette et de Madame Élisabeth, qui reprennent les poncifs des martyrologes royalistes de la Restauration. Les nouvelles de la guerre dans l'Ouest fournissent l'occasion d'exalter « l'héroïsme et l'humanité » des combattants vendéens, fidèles serviteurs du trône et de l'autel, dont la propagande révolutionnaire cherche à noircir l'action.

À travers ce journal, Biré entend écrire une histoire de la Révolution par le bas, pour redonner vie au petit peuple royaliste dont les historiens républicains nient, selon lui, l'existence :

> Au plus fort de la Terreur, pendant que nos soldats versaient leur sang à la frontière, tandis qu'en Vendée gentilshommes et paysans mouraient pour Dieu et pour le Roi, à Paris même, combien d'honnêtes gens, de bourgeois, d'hommes et de femmes du peuple, ont exposé leur vie pour sauver, pour honorer du moins, en mourant pour elles, leur foi religieuse et leurs convictions royalistes ! Les historiens n'en ont pas eu souci. Humble et obscur comme eux, c'est à eux que je me suis attaché. Aux petits surtout il convient de s'aider entre

---

faveurs. Aux applaudissements des clubs, aux triomphes d'une ambition coupable, vous avez préféré le respect de vous-même, la fidélité au devoir, le repos de la conscience » (t. IV, p. 119).

31 *Paris pendant la Terreur*, *op. cit.*, p. 26.

> eux. [...] J'ai recueilli pieusement les cendres des vaincus et des proscrits, leur faisant dans l'ombre de modestes funérailles.[32]

Cette histoire populaire est conçue comme un véritable contre-poison à l'histoire républicaine. Michelet est régulièrement contredit dans les notes de bas de page tandis qu'Hippolyte Taine est cité comme une source sûre. *Les origines de la France contemporaine* sont en effet considérées par Biré comme un maître ouvrage : « Jamais royaliste, jamais catholique – non pas même Joseph de Maistre – n'avait porté aux idées et aux hommes de la Révolution un coup aussi terrible. » L'itinéraire de Taine, venu du républicanisme anticlérical, fascine l'historien royaliste, qui non seulement y décèle une nouvelle preuve de l'évidence intellectuelle de l'option contre-révolutionnaire mais constate également le grand pouvoir de persuasion d'une démarche historique critique[33].

Contempteur de la Révolution, Biré souhaite en revanche réhabiliter la Restauration – ce « printemps du XIX$^{e}$ siècle », ce « réveil des âmes »[34] – dont les acteurs sont injustement tombés dans l'oubli, quand ils ne sont pas voués à l'exécration publique par les historiens républicains. En 1869, dans son premier ouvrage personnel, intitulé *Victor Hugo et la Restauration*, il entend faire justice des calomnies distillées, selon lui, dans *Les Misérables* sur les règnes de Louis XVIII et de Charles X. Le succès public de ce roman mais aussi l'admiration que Biré porte à Hugo[35], lui font un devoir moral de rendre justice des inexactitudes historiques qu'il contient, afin de louer les qualités de ce « gouvernement réparateur et honnête » qui a relevé une France ruinée par les guerres. Pour Biré, Hugo a « manqué de respect aux princes qu'a chantés sa jeunesse ». Il lui oppose sa propre fidélité, celle due à « une époque et à des hommes qui [lui] sont chers »[36]. Le succès non démenti des *Misérables* pousse Biré à publier, en 1894, un second plaidoyer en faveur de la Restauration. Intitulé *L'année 1817*, il s'agit d'une réponse au chapitre éponyme des *Misérables*, contenant une longue description à charge de la France de Louis XVIII. Reprenant un certain nombre d'éléments de son précédent

---

32 *Paris en 1793*, *op. cit.*, p. XI-XII. Ce texte sera repris dans la préface de l'édition complète de 1895.

33 Portrait de Taine dans *Histoire et littérature*, Lyon, Vitte, 1895, p. 1-108 (p. 79 pour la citation).

34 *Alfred Nettement*, *op. cit.*, p. 3 ; *Légendes révolutionnaires*, *op. cit.*, p. V.

35 « J'admire profondément l'homme que je vais combattre », *Victor Hugo et la Restauration*, *op. cit.*, p. 5.

36 *Ibid.*, p. 13-15.

*opus*, l'historien-justicier y réfute une à une les assertions d'Hugo, avec un sens quasi maniaque du détail.

Dans tout le reste de son œuvre, Biré n'a de cesse de louer les mérites de la Restauration. À l'instar d'autres historiens royalistes, comme Alfred Nettement, Antoine Dareste de La Chavanne ou Ernest Daudet, Biré considère qu'il est de son devoir de redonner sa grandeur à cette période de l'histoire de France. Il s'agit à la fois d'un témoignage de fidélité et d'un acte militant, dans la mesure où la réhabilitation de l'action politique de Louis XVIII et de Charles X ne peut que favoriser le rétablissement ultérieur de la monarchie en France[37]. En constatant les méfaits de la Révolution – fort de sa gloire militaire, très vivace en cette fin de XIX^e^ siècle, l'Empire reste quant à lui plus malaisé à dénigrer –, en apprenant à aimer la monarchie restaurée, les royalistes doivent se réapproprier leur passé. Ils peuvent, par ce biais, se constituer un horizon d'attente politique totalement dégagé du progressisme historique républicain. La contre-histoire d'Edmond Biré n'est donc pas seulement nostalgique, elle est également une arme de combat culturel destinée à préparer, sur le long terme, la reconquête du pouvoir.

Dans ses œuvres historiques, Edmond Biré s'affirme comme un témoin et un passeur de mémoires entre deux générations politiques contre-révolutionnaires, celle des combats légitimistes du XIXe siècle et celle de la jeune Action Française dont il assiste à l'éclosion. Il n'est pas le seul, ni le premier à se faire ainsi le chroniqueur de la fidélité royaliste au XIXe siècle. C'était l'objectif, rappelons-le, d'Alfred de Falloux lorsqu'il rédige ses mémoires, publiés de façon posthume en 1888 et dont l'avant-propos rappelle en tous points celui figurant en tête des *Souvenirs* d'Edmond Biré :

[37] En témoigne cet édifiant panégyrique : « Un gouvernement qui a rendu à la France ces deux biens inestimables, la paix et la liberté ; à l'abri duquel le commerce, l'agriculture, la marine, l'industrie, se relevant de leurs ruines, ont pu renaître, prospérer et grandir, en même temps que la poésie et les lettres, l'éloquence et l'histoire, donnaient à l'Europe et au monde le spectacle du plus beau et du plus hardi mouvement intellectuel qu'aucun de nos siècles eût encore vue. Respecté au dehors, à la fois pacifique et victorieux, il associait aux succès de son drapeau les intérêts de la civilisation, affranchissait la Grèce de la domination des Turcs et, par la conquête d'Alger, délivrait la Méditerranée des pirates qui l'infestaient. À la veille de sa chute, il préparait, par l'habileté de sa diplomatie, l'extension de nos frontières jusqu'au Rhin. Et toutes ces choses, il les faisait à peu de frais. Servi par des ministres intègres, il payait les dettes léguées par l'Empire et les contributions de guerre imposées par les alliés, dégrevait la propriété foncière, rachetait par l'amortissement près de trente-quatre millions de rente, réalisait enfin ce prodige d'avoir de gros excédents de recettes sur de petits budgets » (*Légendes révolutionnaires*, *op. cit.*, p. 251-252).

> Je ne recueille ces souvenirs que pour témoigner de ma fidélité à la cause qui a été celle de toute ma vie et pour rendre hommage aux hommes dont j'ai partagé les convictions, les luttes persévérantes et le dévouement désintéressé. Mon parti et mes amis n'ont qu'à gagner à être mieux connus ; notre cher pays, lui aussi, ne peut que gagner à les mieux connaître et à se pénétrer de la sympathie et du respect qui leur sont dus. C'est ce qui me décide à dicter ces pages dans la simplicité de la justice et du vrai.[38]

Entre 1883 et 1914, toute une génération de militants royalistes, acteurs, à des degrés divers, de la tentative de restauration des années 1870, publie ses souvenirs ou des études historiques sur le mouvement royaliste. Certains, comme Biré, entendent réhabiliter la période de la Restauration et promouvoir un modèle politique alternatif à la démocratie électorale, fondé sur le providentialisme dynastique. Mais ce discours est de moins en moins audible. Premier éditeur critique de Chateaubriand, Biré cherche à raviver la flamme du légitimisme romantique alors qu'au même moment Maurras et ses amis pourfendent le romantisme « cosmopolite » pour mieux exalter le classicisme « national »[39]. Le nationalisme intégral n'a que faire de cette mémoire de combats révolus dont les enjeux semblent avoir perdu toute signification aux yeux des contemporains. Le seul héritage intellectuel de Biré sera finalement celui de la contre-histoire de la Révolution Française, à la fois érudite et grand-public, portée par Frantz Funck-Brentano (1862-1947), proche de l'Action Française, et Théodore Gosselin, alias G. Lenotre (1855-1935), dont les œuvres continuent, aujourd'hui encore, d'être régulièrement rééditées. Moins polémiques et moins marquées politiquement que celles d'Edmond Biré, elles conservent néanmoins la même orientation politique sur le fond, témoignant de l'existence d'une autre mémoire de la Révolution française[40].

---

38 Alfred de Falloux, *Mémoires d'un royaliste*, Paris, Perrin, 1888, t. 1, p. 1.

39 Robert Kopp, « Maurras, lecteur de Rousseau et de Chateaubriand », dans Olivier Dard *et al.* (dir.), *Le maurassisme et la culture. L'Action Française. Culture, société, politique (III)*, Lille, Presses universitaires du Septentrion, 2010, p. 149-160.

40 Cet arrière-plan politique a été totalement gommé lors de la récente édition d'une anthologie des œuvres de G. Lenotre : Clémentine Portier-Kaltenbach (dir.), *G. Lenotre. Le grand historien de la petite histoire*, Paris, Lattès, 2013.

## Annexe

### Les ouvrages publiés par Edmond Biré

(classement chronologique, les noms des éditeurs figurent entre parenthèses)

**1864** : Avec Émile Grimaud, *Les poètes lauréats de l'Académie française* (Bray, 2 vol.).

**1869** : *Victor Hugo et la Restauration. Étude historique et littéraire* (Lecoffre).

**1872** : *Dialogue des vivants et des morts* (Lecoffre).

**1881** : *La légende des Girondins* (Palmé). Rééd. 1896 (Perrin).

**1883** : *Victor Hugo avant 1830* (Gervais). Rééd. 1902 (Perrin).

**1884** : *Journal d'un bourgeois de Paris pendant la Terreur* (Garnier). Rééd. 1895-1898, en 5 vol. (Perrin).

**1886** : *Victor de Laprade. Sa vie et ses œuvres* (Perrin).

**1888** : *Portraits littéraires* (Vitte et Perrussel). Rééd. 1907 (Vitte) ; *Paris en 1793* (Gervais).

**1890** : *Paris pendant la Terreur* (Perrin) ; *Causeries littéraires* (Vitte et Perrussel). Rééd. 1896, 1897 (Vitte).

**1891** : *Victor Hugo après 1830* (Perrin). Rééd. 1899 (Perrin).

**1892** : *Portraits historiques et littéraires* (Vitte). Rééd. 1897, 1905 (Vitte).

**1893** : *Légendes révolutionnaires* (Champion). Rééd. 1895 (Mame).

**1894** : *Victor Hugo après 1852* (Perrin).

**1895** : *L'année 1817* (Champion) ; *Histoire et littérature* (Vitte).

**1895-1898** : *Mémoires et souvenirs (1789-1830). La Révolution, l'Empire, la Restauration* (Retaux) ; *Journal d'un bourgeois de Paris pendant la Terreur* (Perrin, 5 vol.) ; traduction anglaise 1896-1899 (Londres, Chatto & Windus).

**1896** : *Les défenseurs de Louis XVI* (Vitte).

**1897** : *Nouvelles causeries littéraires* (Vitte). Rééd. 1908 (Vitte) ; *Honoré de Balzac* (Champion).

*Causeries historiques. Les historiens de la Révolution et de l'Empire* (Bloud et Barral).

**1898** : *Dernières causeries historiques et littéraires* (Vitte). Rééd. 1910, 1927 (Vitte).

**1899-1900** : *Mémoires d'Outre-Tombe par M. le Vicomte de Chateaubriand. Édition critique* (Garnier, 6 vol.).

**1900** : *Études d'histoire et de littérature* (Vitte).

**1900-1901** : *Mémoires du général d'Andigné* (Plon-Nourrit, 2 vol.)

**1901** : *Alfred Nettement. Sa vie et ses œuvres* (Lecoffre) ; *Le clergé de France pendant la Révolution (1789-1799)* (Vitte).

**1902** : *Les dernières années de Chateaubriand (1830-1848)* (Garnier frères). Rééd. 1905 (Garnier) ; *De 1789 à 1815. Souvenirs et portraits* (Vitte).

**1904** : *Armand de Pontmartin (1811-1890). Sa vie et ses œuvres* (Garnier frères).

**1905** : *Biographies contemporaines* (Vitte).

**1907** : *Chateaubriand, Victor Hugo, Honoré de Balzac* (Vitte) ; *Écrivains et soldats* (Falque).

Publications posthumes :

**1907-1909** : *Œuvres complètes d'Alfred de Musset* (Garnier, 8 vol.).

**1908** : *Mes souvenirs (1846-1870)* (Lamarre) ; *Romans et romanciers contemporains* (Lamarre).

**1912** : *Autour de la Révolution* (Vitte).

**1913** : *Études et portraits* (Vitte). Rééd. 1914, 1925 (Vitte).

**1914** : *Autour de Napoléon* (Vitte).

**1927** : *Causeries historiques et littéraires* (Vitte).

# Transmettre une fidélité à l'Action Française au XX^e siècle ?

Olivier Dard

Choisir de traiter de l'Action Française (AF) pour une journée d'études intitulée : « Transmettre une fidélité. La fabrique contre-révolutionnaire du passé » ne va nullement de soi. D'abord, parce que l'AF ne s'inscrit ni directement ni surtout exclusivement dans un héritage contre-révolutionnaire, devant en effet beaucoup au nationalisme français tel qu'il s'est forgé à l'occasion de la crise boulangiste. Ensuite, parce que l'AF maurrassienne des origines a entendu rompre avec le vieux royalisme et se projeter dans l'avenir. De fait, pour les promoteurs de l'*Enquête sur la monarchie* et les chantres du « nationalisme intégral », le rétablissement de la royauté n'est pas considéré comme une idée périmée mais au contraire comme un projet d'avenir. Qu'en est-il pour les partisans actuels de la monarchie ? Des éléments de réponses figurent dans un document instructif à bien des égards, le *Livre blanc du royalisme*. Né d'une idée de Gérard Leclerc, établi en 2009, il est le produit d'une consultation lancée en 2007 par le Groupe de Liaison Royaliste qui a recueilli 1 737 réponses[1]. Prolongeant un panorama établi deux décennies plus tôt par Patrick Louis, en collaboration avec François-Martin Fleutot[2], il donne à voir un milieu royaliste éclaté. Deux structures, d'inspiration directement maurrassienne (le Centre royaliste d'Action Française – CRAF – et la Restauration Nationale – RN –), dominent partiellement l'ensemble puisque plus d'un tiers des réponses en émanent (Action Française Étudiante – AFE/CRAF, 19,52 % et RN 13,54 %)[3]. Il en va de même pour la presse puisque le bihebdomadaire *L'AF 2000* (19,01 %) et le

---

1 Je remercie mon collègue et ami Humberto Cuchetti de m'avoir confié ce document.

2 Patrick Louis, en collaboration avec François-Marin Fleutot, *Enquête sur les amis du Roi aujourd'hui*, Paris, Albin Michel, 1989.

3 *Livre blanc du royalisme*, p. 27. Il faut cependant souligner que l'enquête précise que seules 14,12 % des 1 737 personnes ayant répondu au questionnaire se disent membres d'une organisation royaliste.

mensuel *Politique Magazine* (14,96 %) arrivent en tête des titres cités lorsqu'il est demandé aux personnes interrogées à quels titres elles sont abonnées[4]. Les chiffres correspondent aux organisations (AFE/CRAF, 19,52 % et RN 13,54 %). L'enquête propose par ailleurs un éventail de possibilités permettant d'envisager l'avenir du royalisme en France : coup de force (10,48 %), voie électorale (12,87 %), réforme institutionnelle/référendum (20,68 %), recruter/former en vue d'une opportunité (39,54 %), royaliser la République (11,43 %). On notera cependant que la proposition « notre avenir est derrière nous, nous nous contentons d'incarner une fidélité » ne recueille que 5 % des suffrages[5]. Certaines des réponses de ce petit groupe peuvent être virulentes, à l'instar de ce militant légitimiste de l'UCLF (Union des Cercles Légitimistes de France) déclarant : « J'ai été membre de l'UCLF en croyant que je ferais de la politique, je me suis retrouvé à garder un musée. Merci bien ! »[6].

Un autre problème se pose qui renvoie à la définition de la fidélité et sa relation à l'héritage. La question de l'héritage en politique a déjà été travaillée par l'historiographie, en particulier dans un volume intitulé *Hériter en politique* et sous-titré : « Filiations, générations et transmissions politiques (Allemagne, France et Italie XIX^e^-XXI^e^ siècle) ». Ludivine Bantigny, co-directrice de l'entreprise, avait précisé le sens du mot « hériter » : « Hériter doit se comprendre comme une manière de rendre le passé contemporain, de l'affecter de significations, de stratégies et, *in fine*, d'identités[7]. » Dans cette perspective, l'héritage politique est porteur d'une « mémoire vive », élective et sélective. L'héritier en politique « distingue et retient, interprète et sélectionne, puis finalement adopte et délaisse dans le même mouvement ». L'héritage se présente ainsi comme « "une portion" de la tradition »[8].

L'héritage n'est donc pas le synonyme de la fidélité même si des recoupements entre eux sont possibles. Pour donner sens à cette dernière, nous nous appuierons sur le sociologue Georges Simmel qui la définit

---

4 *Ibid.*, p. 31. On notera que les chiffres correspondent aux organisations (AFE/CRAF, 19,52 % et RN, 13,54 %).

5 *Ibid.*, p. 45.

6 *Ibid.*, p. 50.

7 Ludivine Bantigny, « L'héritage en partage », dans Ludivine Bantigny et Arnaud Baubérot (dir), *Hériter en politique. Filiations, générations et transmissions politiques (Allemagne France et Italie, XIX^e^-XXI^e^ siècle)*, Paris, Presses universitaires de France [désormais PUF], 2011, p. 2.

8 *Ibid.*, p. 3.

comme « la force d'inertie de l'âme, qui la maintient dans une voie, une fois qu'elle s'y est engagée, lorsque l'impulsion qui l'y a conduite a disparu ». Et Simmel d'ajouter : « C'est un fait d'une importance sociologique extrême que des relations innombrables persistent sans changement de leur structure sociologique même après la disparition du sentiment ou de l'occasion pratique qui a été à l'origine de leur apparition. » Et de conclure : « […] Le lien sociologique, quelle que soit son origine, produit une autoconservation, une existence propre de sa forme, indépendamment des facteurs originels de la création. Sans cette force d'inertie des socialisations une fois qu'elles sont établies, la société en tant qu'ensemble s'effondrerait. » Dans ce « lien », la « conservation de la forme d'union » est assurée par différents facteurs dont la fidélité. Facteur essentiel, elle représente pour Simmel « le facteur *sentimental*, ou encore est elle-même ce facteur sous la forme du sentiment, dans sa propre projection au niveau du sentiment »[9]. Les commentateurs de Simmel, à l'instar de Paul Zawadcki, ont souligné l'importance de la durée chez le sociologue allemand : « Que le sentiment en général soit aux fondements, aux origines des formes, ou à l'inverse, un effet des formes, des liens sociaux n'est guère essentiel pour Simmel. […] Ce qui, en revanche, lui semble primordial c'est que ce soit la durée qui crée la fidélité : un mode de sociabilité, un type d'interactions inscrites dans la durée engendrent et perpétuent la fidélité[10]. »

Un dernier élément de définition propre à notre objet met en jeu trois éléments : Charles Maurras, l'Action Française et le maurrassisme. Du vivant de Maurras, les trois semblent indissolublement liés même s'il est entendu que l'Action Française ou le maurrassisme ne peuvent être cantonnés à la seule personne du « maître de Martigues ». Mais la mort du « Maître » en 1952 ouvre tout à la fois la question de l'héritage et celle de la fidélité, non sans effet de brouillage entre les deux. Se pose en effet la question d'un droit d'inventaire mettant en jeu ceux qui pour sauver la figure de Maurras entendent enterrer l'AF à l'instar de l'écrivain Michel Déon, secrétaire de Maurras à Lyon pendant la guerre et qui, présent à son enterrement à Tours, considère que ce jour là, « tout était terminé et qu'il appartenait aux survivants de sauver la part de vérité, de poésie et

---

9 Georg Simmel, *Sociologie. Étude sur les formes de la socialisation*, Paris, PUF, 2013, p. 571. Les italiques figurent dans le texte original.

10 Paul Zawadcki, *Malaise dans la temporalité*, Paris, Publications de la Sorbonne, 2002, p. 169.

d'oublier le reste »[11]. Le reste, c'est-à-dire l'Action Française. Ce point de vue est évidemment critiqué car d'autres veulent faire vivre la pensée politique de Maurras. À quel prix cependant ? Ce qui pose la question de l'héritage et éclaire les dissidences en cascade que connaît l'AF depuis les années 1950. À travers la question de l'héritage se pose la question de la fidélité qu'entendent incarner, de Georges Calzant à Pierre Pujo, ceux qui refusent toute idée d'un droit d'inventaire mais qui se présentent en même temps comme les seuls héritiers légitimes et les premiers des fidèles. Chronologiquement, l'histoire de la relation de l'Action Française au passé s'inscrit donc dans une perspective séculaire qui met en jeu son histoire du vivant même de Maurras à celle de sa postérité. L'AF croise bien les préoccupations d'une journée d'études liant la fidélité à l'exaltation d'un passé glorieux et d'un panthéon héroïque parfois doublé d'un martyrologe. Un panthéon et un martyrologe qui est celui de l'histoire nationale mais aussi, au fil du temps et de l'histoire heurtée de l'AF, dont on se contentera de rappeler les grandes lignes : dissidence de Valois et du Faisceau, condamnation de 1926, prise de distance du prétendant après le 6 février, interdiction de la ligue en 1936, épuration de 1944-1945, mort de Maurras et crises successives (Pierre Boutang et la *Nation Française* durant les années 1950, la dissidence de la NAF/NAR au tournant des années 1970, etc.). Mais, même lorsque l'histoire semble finie, comme au tournant des années 1980, on constate une capacité de rebonds incarnée notamment par le MRF, la revue *Réaction*, ou « Génération Maurras » à l'occasion de la lutte contre Maastricht. Une capacité de rebond qui met en jeu tout à la fois héritage et fidélité lesquels évoluent et sont fonction du contexte. Notre contribution sera organisée en trois étapes : en partant de Maurras lui-même, puis en traitant l'histoire de l'AF du temps du vivant du maître. Enfin, les enjeux d'héritage et de fidélité seront questionnés sous l'angle des postérités qui ont marqué l'AF depuis 1952.

## Maurras, la fidélité, l'héritage et le passé

Les deux éditions du *Dictionnaire politique et critique* de Maurras, publiée pour la première en 1932 et la seconde (il s'agit d'un « complément ») après sa mort, sont un bon indicateur des concepts, notions ou thèmes mobilisés par le chef de l'Action Française. Ainsi,

[11] Michel Déon, *Mes arches de Noé*, Paris, La Table ronde, 1978, p. 89.

aucune des deux éditions, ne compte d'entrée à « Fidélité ». En revanche, toutes deux comportent des entrées à « Héritage » et à « Hérédité ». Concernant « héritage », c'est le « complément » qui est le plus intéressant pour notre propos. Reprenant un texte paru dans *L'Action Française* le 15 avril 1941, Maurras propose moins une définition de l'héritage qu'il ne formule une recommandation : « Sauvez les héritages et vous aurez des héritiers. Mais l'héritage doit comporter une double discipline, celle qui le maintient et le sauve lui-même des partages qui tendraient à le pulvériser – et celle qui lui donne un vrai chef, un vrai maître, qui établit, sacre, l'autorité du père, sans laquelle tout va en charpie. L'enseignement empirique de Le Play coïncide avec celui de la raison : il faut qu'un père puisse déshériter un fils indigne ou confier la suite de son labeur aux mains du plus capable et du meilleur[12]. » Ces recommandations sur l'héritage sont importantes, rapportées à la suite de l'histoire de l'AF mais elles ont peu à voir avec la monarchie qui elle, comme dans la première édition, est traitée dans l'entrée « hérédité ». C'est elle qui est fondatrice dans la pensée maurrassienne ainsi que le montre cet extrait tiré de *La Démocratie religieuse* et justement inséré dans l'entrée « hérédité » : « La monarchie n'est ni universelle, ni éternelle. L'éternel, l'universel, c'est le gouvernement des familles : l'hérédité[13]. » Dans le « complément », le propos repris (un article de *L'Action Française* du 24 juin 1934) est plus précis :

> Ceux de nos sympathisants qui viennent parfois nous avouer que la monarchie les séduit et les attire, mais qu'ils hésitent sur l'article de l'hérédité, ne manquent pas de rencontrer sur nos lèvres les mêmes signes d'étonnement, presque de scandale : non seulement la transmission héréditaire ne fait pas de difficulté, mais c'est d'elle que sortent les plus hautes facilités du régime, les plus heureuses, celles qui créent à coup sûr le plus de bonheur. Le métier de roi ressemble à tous les métiers. L'héritage royal à tous les héritages.[14]

Si le mot « fidélité » ne figure pas chez Maurras dans des développements consacrés à l'héritage ou l'hérédité, on le retrouve lorsqu'il est question de « tradition » et de la relation de cette dernière à la monarchie, associée elle-même au sentiment : « Toutes les traditions ont eu un commencement

---

12 Charles Maurras, *Dictionnaire politique et critique*, complément établi par les soins de Jean Pélissier, fascicule 11, Paris, Cahiers Charles Maurras, s.d., p. 252.

13 Charles Maurras, *Dictionnaire politique et critique*, établi par les soins de Pierre Chardon, Paris, À la Cité des Livres, 1932, t. 2, p. 199.

14 Charles Maurras, *Dictionnaire politique et critique*, complément établi par les soins de Jean Pélissier, fascicule 11, *op. cit.*, p. 252.

et les sentiments de fidélité monarchique, s'ils remontent très haut, ne remontent point indéfiniment : ce qui a commencé peut se recommencer ; ce qui eut un point de départ peut en retrouver un second[15]. » Sans être absente, la fidélité n'est pas centrale chez Maurras, et ce d'autant que sa conception de « la vraie tradition », définie dès 1886 (il a 18 ans) comme le contraire de « la routine » se veut « critique » ainsi qu'il l'expliquait dans *L'Action Française* du 3 juin 1909 : « La vraie tradition est *critique*, et faute de ces distinctions, le passé ne sert plus de rien, ses réussites cessant d'être des exemples, ses revers des leçons[16]. »

Le passé et l'histoire vus par Maurras doivent donc être questionnés. Dans un passage bien connu de *Lorsque Hugo eut les cent ans*, le « Maître de Martigues » souligne : « Nous ne cherchons pas dans le passé des souvenirs, nous cherchons des éléments dignes d'être admirés et étudiés comme des modèles[17]. » Le passé, comme d'ailleurs l'histoire, ont chez Maurras une fonction fondée sur l'utilité qu'il présente ainsi dans *L'Action Française* du 1er septembre 1915 : « Il est bon d'affronter en pensée de beaux risques lorsqu'ils sont calculés sur une exacte vue du passé. Un passé de convention et de théâtre, un passé maquillé par la ruse oratoire ou la figure littéraire, un tel passé ne peut fournir ni idée juste, ni prévision exacte, ni calcul vraisemblable des possibilités d'avenir[18]. » Le point de vue est ancien et ferme puisque, dès *Dictateur et Roi* (1899), il signifiait « la formule de notre avenir national » : « Ce que nos ancêtres ont fait par coutume et par sentiment, le poursuivre nous-mêmes avec l'assurance et la netteté scientifiques, par raison et par volonté[19]. » C'est donc fort logiquement que le célèbre texte sur le « nationalisme intégral », paru dans le premier numéro de *L'Action Française* quotidienne (21 mars

---

15 Charles Maurras, *Dictionnaire politique et critique*, établi par les soins de Pierre Chardon, Paris, À la Cité des Livres, 1934, t. 5, p. 336. Cet extrait bien connu est tiré de l'*Enquête sur la monarchie.*

16 *Ibid.*, p. 333. Les italiques figurent dans le texte original.

17 Charles Maurras, *Dictionnaire politique et critique*, établi par les soins de Pierre Chardon, Paris, À la Cité des Livres, 1932, t. 3, p. 382 (entrée « Passé »).

18 *Ibid.*, p. 382.

19 Charles Maurras, *Enquête sur la monarchie*, Paris, Nouvelle Librairie Nationale, 1914. *Dictateur et roi* figure comme appendice du volume et la citation p. 559 (c'est la toute dernière phrase et les italiques figurent dans le texte original). Pour un panorama de la relation de Maurras et de l'AF à l'histoire : Olivier Dard, « L'histoire nationale au prisme des droites nationalistes : l'exemple de l'Action française », dans Éric Bédard et Serge Cantin, avec la collaboration de Daniel Lefeuvre, *L'Histoire nationale en débat. Regards croisés sur la France et le Québec*, Paris, Riveneuve Éditions, 2010, p. 185-218.

1908) ne contient pas les mots contre-révolution, fidélité, héritage, passé mais en revanche monarchie et roi. N'y aurait-il donc aucun sentiment chez Maurras, sentiment qui nous l'avons vu avec Simmel fonde la fidélité ? De fait, Maurras s'est lui-même défendu que sa préconisation de la « monarchie » puisse être « la pure déduction logique d'une vue de l'esprit » en soulignant : « Notre analyse rationnelle emprunte aux principes leur rectitude, mais elle est éclairée, dans sa marche à travers les contingences politiques, par deux puissants témoins de fait, la Géographie de la France et l'Histoire de France[20]. » On mesure ici toute la singularité de Maurras par rapport à nombre de traditionalistes dont les discours peuvent être teintés de nostalgie ou de providentialisme. De fait, à l'AF, la monarchie n'est pas une rêverie passéiste même si, comme nous le verrons, le mouvement en même temps qu'il proclame la force de la « raison », peut aussi, à l'occasion de cérémonies, jouer sur une corde beaucoup plus émotionnelle.

## L'Action Française, la monarchie et la fidélité au temps du « maître » : enseignements et célébrations

Le maurrassisme est une doctrine qu'il s'agit de diffuser chez les ligueurs et les camelots d'AF mais aussi, *via* le journal, au public le plus vaste. La formule célèbre des étudiants d'AF, « Notre force est d'avoir raison », dessine le type de militant souhaité par la direction du mouvement à savoir quelqu'un doté d'une solide armature idéologique. On connaît les formules, en forme de réquisitoire de Georges Valois, lorsqu'il règle ses comptes avec un mouvement où il a milité vingt ans durant. « Les gens d'Action Française soumis à Maurras » sont ainsi réputés, pour Valois, comme n'ayant pas « le goût de créer un fait, mais l'appétit de faire une démonstration logique », carence qui procéderait de leur formation en interne : « Les gens d'Action Française ont été dressés par Maurras à absorber des idées par la lecture et à les rendre par la parole[21]. » Le propos est caricatural mais il comporte une part de vérité. De fait, lorsque l'étudiant d'AF proclame : « L'an prochain, le roi à Paris », il ne s'agit pas pour lui de se comporter en nostalgique de l'Ancien

---

20 Charles Maurras, *Dictionnaire politique et critique*, établi par les soins de Pierre Chardon, t. 5, *op. cit.*, p. 337.

21 Georges Valois, *L'homme contre l'argent. Souvenirs de dix ans (1918-1928)*, édition présentée par Olivier Dard, Villeneuve-d'Ascq, Presses universitaires du Septentrion, 2012, p. 49 et 57.

Régime ou de mettre en avant une « fidélité ». Ce n'est pas l'enseignement qui est donné à l'AF lorsqu'il y est question de traiter de la monarchie. Christian Amalvi, qui a analysé les conceptions de l'histoire forgées et diffusées à l'Action Française, oppose la « désacralisation » radicale de la Révolution et de l'Empire à « la brillante continuité de la monarchie héréditaire »[22]. Au « miracle capétien » célébré notamment par Maurras s'ajoute la réhabilitation des règles de Louis XV (Pierre Gaxotte) et de Louis XVI (Frantz Funck-Brentano). Le contraste entre la France d'avant la Révolution et celle qui suit serait saisissant (quatre invasions entre 1814 et 1914 soulignait Maurras). La conclusion était nette et l'histoire en avait jugé selon les maurrassiens : la monarchie héréditaire était sans discussion possible préférable à tout autre régime, né de la Révolution.

Dans cette analyse, qui en langage maurrassien s'impose comme produit de « l'empirisme organisateur », il y a peu de place à la fidélité. Force est d'ailleurs de constater que ce thème est bien peu présent dans les enseignements dispensés à l'Institut d'Action Française. On citera par exemple le cours de Louis Dimier (qui y occupe la chaire Rivarol), publié en volume et intitulé *Maîtres de la contre-révolution*. Il apparaît dans différents extraits cités de Maistre et de Bonald. On relève cet emploi à propos de Bonald « en qui se sont rencontrées une égale fidélité à l'Église catholique et aux doctrines les plus rigoureuses de l'ordre et de la tradition politique »[23]. Mais c'est surtout son usage par Maistre où est reprise une citation tirée des *Considérations sur la France* : « Vive le Roi ! s'écrient l'amour et la fidélité au comble de la joie[24]. » Mais à lire la suite du propos, la citation n'a qu'une fonction décorative et non démonstrative dans la mesure où Dimier, qui s'est attaché dans le sillage du chapitre IX des *Considérations*[25] à mettre en scène les conditions d'un retour de la royauté, conclut son chapitre par ces mots qui s'inscrivent nettement dans la *doxa* maurrassienne : « Préjuger de l'avenir par voie de supputations et de déductions abstraites, même erreur que d'écrire les

22 Christian Amalvi, « Les conceptions de l'histoire selon l'Action Française de 1910 à 1940 », dans Michel Leymarie et Jacques Prévotat (dir), *L'Action Française culture, société, politique*, Villeneuve-d'Ascq, Presses universitaires du Septentrion, 2008, p. 66.

23 Louis Dimier, *Les maîtres de la contre-révolution au dix-neuvième siècle*. Leçons données à l'Institut d'Action Française, chaire Rivarol, février-juin 1906, Paris, Librairie des Saint-Pères, 1907, p. 88.

24 *Ibid.*, p. 67. Dimier cite longuement des passages du chapitre IX d'où est extraite la citation que nous avons reprise.

25 Le chapitre IX s'intitule : « Comment se fera la contre-révolution si elle arrive ».

constitutions et de juger en philosophe les faits rapportés par l'histoire. Le vrai politique en juge par les effets [...]. De gage d'avenir, il ne connaît que de bien nécessaire, et d'instrument pour l'obtenir que l'attention aux circonstances et la promptitude à les saisir[26]. » Ne pourrait-on les lire aussi sous un angle maistrien ? Assurément, si on considère Maistre, à la suite de Jean Tulard, comme le fondateur de « la politique expérimentale, c'est-à-dire la politique fondée sur l'histoire »[27]. C'est effectivement la lecture qu'en propose Maurras dans *Romantisme et Révolution* ou dans son *Dictionnaire politique et critique* mais Maurras est très éloigné du Maistre des *Soirées de Saint-Pétersbourg* et ce que Pierre Glaudes qualifie de « fonds des Soirées », à savoir « la vision de l'histoire comme le drame d'une chute et d'une régénération cosmiques, dont le secret tient dans la réversibilité des mérites et dont l'horizon est "la fusion du genre humain" »[28].

Christian Amalvi a pointé chez Maurras et ses disciples immédiats marqués par « l'empirisme organisateur » une mise de côté de tout ce qui pouvait relever du sacré et de l'irrationnel dans leur définition de la monarchie. Amalvi y voyait une explication de ce qu'il appelle « l'indifférence de Maurras à l'égard du Moyen Âge »[29]. La remarque invite, à sa suite, à se demander si, malgré l'unité de doctrine, il n'y a pas au fond différents regards portés sur la monarchie au sein de l'AF. Amalvi a pointé les cas de Bernanos et des historiens Funck-Brentano et Philippe Ariès. Ce dernier, revenant sur son engagement aux étudiants d'AF, a rappelé qu'avant même d'avoir lu Marc Bloch, il était très sensible « au contenu magique de la royauté, à la cérémonie du sacre, au miracle de la guérison des écrouelles ». Mais le futur historien de l'enfance, de la vie familiale ou de la mort insiste sur le fait que « cet élément primitif et étranger était étranger au positivisme maurrassien qui le sacrifiait à une conception plus rationnelle de l'histoire »[30]. Dans son récit de 1980, Ariès ne cache pas ne s'être pas rendu compte de cette distorsion à l'époque où, par ailleurs, comme l'a montré son biographe Guillaume Gros, il

26 Louis Dimier, *Les maîtres de la contre-révolution au dix-neuvième siècle*, *op. cit.*, p. 68.

27 Jean Tulard, « Introduction » aux *Considérations sur la France* de Joseph de Maistre, Paris, Garnier, 1980, p. 20.

28 Joseph de Maistre, *Œuvres*, édition établie par Pierre Glaudes, Paris, Robert Laffont, 2007, p. 1224 (entrée « Maurras » du Dictionnaire proposé à la fin du volume).

29 Christian Amalvi, « Les conceptions de l'histoire selon l'Action Française de 1910 à 1940 », art. cit., p. 68.

30 Philippe Ariès, *Un historien du dimanche*, Paris, Seuil, 1980, p. 52.

est alors un « militant orthodoxe » des étudiants d'AF dont les premiers pas sont suivis par le « Maître » en personne[31]. En réalité, à l'AF, les deux faces d'un monarchisme de la raison et du sentiment ne sont pas aussi incompatibles qu'il pourrait y paraître.

Pour s'en convaincre, on peut évoquer la vie des sections et les fêtes de l'AF. Sur le papier, outre des activités de propagande, la vie des sections est dominée par des conférences et les militants sont invités à effectuer un certain nombre de lectures. L'examen des réalités militantes, lorsque la documentation est disponible, montre que ce sont surtout les fêtes qui mobilisent (fêtes des rois, Saint-Jean, etc., sans oublier les hommages à Jeanne d'Arc). À ces occasions, ce n'est pas seulement la doctrine qui est en jeu mais aussi le sentiment et donc la fidélité. L'exemple lorrain durant l'entre-deux-guerres est ici significatif. Les sections actives et qui organisent des réunions centrées sur la doctrine et l'histoire de la monarchie sont peu nombreuses (Nancy, Toul, Lunéville). Mais certaines en revanche peuvent être beaucoup plus mobilisatrices comme la Saint-Jean à Remiremont en 1929. Le sentiment y primait sur la réflexion à l'occasion de toasts marquant une « espérance » placée dans la famille royale ou l'évocation émue du sapin des Vosges planté dans le parc du Manoir d'Anjou[32]. Ces exemples locaux peuvent être complétés par ceux des grandes fêtes d'AF qui sont beaucoup moins à voir avec la doctrine maurrassienne *stricto sensu* qu'avec le souci de l'AF de réunir dans une liturgie où la part est faite à la sensibilité et donc à la fidélité. Qu'on en juge avec la célébration de Barbentane dans la Vendée provençale, le 29 mai 1927, et le compte rendu que *L'Almanach de l'Action Française* fait de cette rencontre qui aurait réuni, selon elle, 30 000 personnes en présence du représentant du prince. Là n'est pas l'essentiel qui réside dans le ton et le vocabulaire : « Barbentane, c'est aussi le cœur de la Vendée provençale. Les localités qui l'entourent apparaissent comme les grains divins d'un rosaire : le rosaire de la Fidélité catholique et royaliste[33]. » L'AF comme institution n'est pas oubliée et le récit ne manque pas de

31 Guillaume Gros, *Philippe Ariès. Un traditionaliste non-conformiste de l'Action Française à l'Ecole des hautes études en sciences sociales (1914-1984)*, Villeneuve-d'Ascq, Presses universitaires du Septentrion, 2008, p. 48 et 59.

32 Olivier Dard, « La part de la ligue dans l'identité et le rayonnement de l'Action Française », dans Olivier Dard et Nathalie Sévilla (dir), *Le phénomène ligueur sous la IIIe République*, Metz, Centre régional universitaire lorrain d'histoire, 2008, p. 172.

33 F. Desvignes, « Dans la lumière provençale… L'Action Française à Barbentane », *Almanach*, 1928, p. 345.

préciser que « flottait sur les têtes le drapeau blanc fleurdelysé de la section de Barbentane, relique sans prix transmise en mains pieuses de génération en génération »[34]. La présence de Léon Daudet et le discours qu'il doit prononcer sont également mis à l'honneur. D'abord, parce que les jeunes filles du cru lui remettent une palme de bronze où est gravé : « Les royalistes de Barbentane à Philippe Daudet », ce qui conduit Daudet à remercier en des « termes singulièrement émouvants [...]. Des larmes coulaient des yeux du rude lutteur quand il parla de son fils, le petit martyr assassiné à sa place[35]. » Mais c'est surtout la relation du discours du directeur de *L'Action Française* qui doit retenir l'attention. Lorsqu'il apparaît à la tribune sous des ovations « délirantes », « c'est toute la Provence qui crie au père de Philippe sa foi monarchique et son appel à la justice royale ». La conclusion de sa « vibrante harangue », à la hauteur de l'enthousiasme du public, est ainsi présentée : « Quand le merveilleux tribun s'écrie : *Je veux voir, avant de mourir, le retour de la Justice par le Roi*, c'est un véritable délire sacré qui tend les visages et les bras vers ce père douloureux et meurtri[36]. » Dans ce type de mobilisation, le maurrassisme n'est pas seulement une doctrine mais il sait jouer aussi sur les registres d'une liturgie bien réglée du sentiment et de l'émotion, qui lui permet d'intégrer la fidélité à son répertoire discursif et militant.

## L'Action Française, la monarchie et la fidélité à l'heure des postérités

La crise entre l'AF et le prétendant au milieu des années 1930 suivie de l'interdiction de la ligue en 1936, mais surtout le second conflit mondial et ses suites, marquées par le procès et la condamnation de Maurras, ont ébranlé en profondeur le dispositif mis en place par Maurras et les siens au début du XXe siècle. La mort du « Maître » en 1952 achève de clore une séquence et pose crûment et doublement la question de la fidélité. Aux enjeux liés à la fidélité dynastique s'ajoutent ceux liés à la fidélité au maurrassisme et à l'AF elle-même. On rappellera en effet que durant la seconde moitié des années 1930, une partie des militants maurrassiens demeurés dans la maison mère (à commencer par Thierry Maulnier) ont pu, en même temps, servir le comte de Paris en participant notamment

---

34 *Ibid.*, p. 348.

35 *Ibid.*

36 *Ibid.*, p. 352. Les italiques figurent dans le texte original.

à l'aventure du *Courrier Royal.* La disparition de Maurras est dans la mouvance maurrassienne un événement d'une autre importance car il met directement en jeu des questions d'héritage et de fidélité à Maurras et à l'Action Française. Ou pour le dire autrement, différents héritages et fidélités se superposent, recomposant la relation à la fidélité.

Des décennies durant, les choses ont été en apparence simples : le monarchisme était associé à l'AF et le soutien au premier pouvait valoir soutien à la seconde, même si tous les royalistes n'ont pas été maurrassiens. Mais dans la seconde moitié du XX^e^ siècle, les choses se présentent très différemment. Le prétendant fait à présent cavalier seul et après avoir rompu avec l'AF n'entend nullement se trouver assujetti à une quelconque structure qu'il ne contrôlerait pas directement. Du côté maurrassien, il est à l'évidence difficile, pour ne pas dire impossible, de se proclamer monarchiste sans soutenir un prétendant et, envers et contre tout, le choix de la branche d'Orléans n'a longtemps pas fait l'objet de débats et controverses. Ces derniers portent en revanche sur l'avenir qu'il convient de réserver à l'héritage et à la fidélité à Maurras. C'est à dessein que nous mêlons les deux termes dont nous avons souligné certes qu'ils avaient des sens bien différents mais au sujet desquels il faut constater que pour nombre de protagonistes ils se confondent et irriguent l'histoire des multiples dissidences et recompositions qui marquent l'histoire du maurrassisme depuis plus de six décennies. Il n'est pas question d'en reprendre ici le détail de l'historique mais d'insister sur quelques éléments mettant en jeu les questions d'héritage et de fidélité.

Si on reprend les critères précités par Maurras pour définir un héritage réussi (« l'héritage doit comporter une double discipline, celle qui le maintient et le sauve lui-même des partages qui tendraient à le pulvériser – et celle qui lui donne un vrai chef, un vrai maître ») il faut parler clairement d'échec. L'évolution de l'Action Française après la mort de Maurras a été marquée par des divisions profondes de même que par l'incapacité pour un quelconque « chef » de s'imposer durablement, même si, durant quelques années, Pierre Boutang a escompté tenir ce rôle après avoir rompu avec *Aspects de la France* et fondé *La Nation Française.* Cet échec ne saurait cependant occulter tout l'intérêt de relire cette histoire à l'aune des notions d'héritage et de fidélité qui sont centrales. Héritage tout d'abord pour s'entendre sur le tri qu'il conviendrait d'opérer dans l'œuvre de Maurras et dans l'histoire de l'AF. Cette volonté est fondatrice de la NAF au lendemain de mai 1968 et des initiatives de ses promoteurs, de Bertrand Renouvin à Gérard Leclerc, le premier ayant étudié de près dans sa thèse de doctorat de science politique l'AF d'avant 1914 et sa relation à la question sociale tandis que le second s'est attaché, dans un essai emblématique, à présenter à ses contemporains un « autre Maurras ». Un Maurras qui ne pouvait être considéré comme « prisonnier d'une époque ». C'est au fond dans sa conclusion que Gérard Leclerc explicite le sens de sa démarche et la pose en termes d'héritage et de fidélité : « Pourquoi le taire ? L'héritage maurrassien a failli disparaître, non par absence de fidélité, mais par absence de sève. Je me souviendrai toujours de cette entrevue. C'était deux mois avant que ne fût fondée la Nouvelle Action Française, avec un préposé à la garde des sanctuaires où ce pauvre Maurras gisait, ligoté de bandelettes et enveloppé d'encens. Le préposé, qui avait été un ami, se révéla parfait préposé. J'imagine que dans les cellules communistes où l'on a procédé à des exclusions ces dernières années, le chef d'accusation ressemblait à celui qui me fut présenté[37]. » Les fidèles visés par Gérard Leclerc sont bien connus (il s'agit de Pierre Pujo et de ses proches) et se sont durement opposés à toute transformation de l'AF en se considérant eux-mêmes comme à la fois des fidèles et des héritiers, héritiers d'un bloc qu'il fallait défendre et renvoyant la naissance de la NAF au chapelet des dissidences qui avaient déjà frappé l'AF du temps du vivant du « Maître ». Des fidèles qui se considèrent alors comme des gardiens d'un temple que leurs adversaires qualifient souvent de musée. Des fidèles, ayant bien connu ou approché le « Maître », qui seraient incapables de mener à bien toute œuvre de transmission ? Au final, le bilan des deux entreprises s'avère un échec : la NAF n'a pu rénover le maurrassisme et en 1978 s'est transformée en Nouvelle Action Royaliste (NAR) qui a abandonné toute référence au « maître de Martigues », ce qui a provoqué des départs d'une partie de ceux qui avaient rejoint la scission de 1971. Du côté de leurs adversaires, le bilan n'est pas brillant et la fin des années 1970 est une période de très basses eaux pour un maurrassisme qui semble, pour reprendre une formule de Maurras, pulvérisé jusqu'à la difficile reconstitution, en octobre 1979, du Mouvement Royaliste Français (MRF), réunion d'unions ou de fédérations royalistes issues de différents horizons. L'empreinte maurrassienne s'observe à travers la lecture de son bulletin de liaison où figurent des éléments très classiques. On notera, pour l'exemple, que celui de juin 1981 mentionne des fêtes de Jeanne d'Arc à Paris et en province (Nancy, Tours) de même que la création de cercles d'études pour

---

37 Gérard LECLERC, *Un autre Maurras*, Paris, Institut de Politique Nationale, 1974, p. 174.

lycées et étudiants par l'Union royaliste Languedoc-Roussillon dont les thèmes choisis sont sans surprise : la monarchie française, l'histoire de l'AF, la famille royale, la décentralisation et le régionalisme, l'empirisme organisateur, etc. Les éléments de continuité semblent donc dominer. À y regarder de près cependant, la situation n'est pas aussi statique qu'il y paraît car le contexte international, en particulier la restauration de la monarchie en Espagne, questionne les milieux monarchistes à différents égards. On citera la mise en scène d'une propagande originale des monarchistes provençaux à travers les rassemblements des Baux-de-Provence et leurs emprunts aux commémorations carlistes de Montejurra[38]. Il faut compter aussi avec la question dynastique qui, pour la première fois, perturbe un maurrassisme (acquis depuis toujours au principe de nationalité) et plus largement un royalisme jusque-là acquis massivement aux Orléans. Le légitimisme devient une « proposition » dorénavant discutable et même en « vogue » dans les années 1980 (notamment en 1987 au moment du millénaire capétien[39]) et contribue largement à la crise que connaît l'AF entre 2008 et 2009[40]. On en retiendra le communiqué publié par Stéphane Blanchonnet, le président de son comité directeur. Dénonçant les opinions « néo-légitimistes » du nouveau directeur de la rédaction de l'*Action Française 2000*, et choisissant de le démettre de ses fonctions, il commence par « rappeler la fidélité de l'AF à l'héritage dont elle est dépositaire ». Et le texte de préciser : « Certains [lecteurs] s'imaginaient, par exemple, que l'Action Française avait renié son soutien à la famille de France ! » Le soutien à la dynastie des Orléans est incontestable mais on constatera qu'il est le produit d'un mélange entre fidélité et héritage qui, pour être distincts sur le plan théorique, le sont beaucoup moins pour les acteurs engagés.

À l'été 2016, le mensuel *Politique Magazine* dont la Une est ornée de la photo du prince Jean, petit-fils du comte de Paris, a proposé un dossier

---

38 Sur ces rassemblements qui réunissent aux Baux plusieurs milliers de participants : Humberto Cuchetti, « La part du transnational dans l'Action Française post-68 », dans Olivier Dard (dir.), *Organisations, mouvements et partis des droites radicales au XXe siècle (Europe-Amériques)*, Berne, Peter Lang, 2016, p. 22-27.

39 Patrick Louis, *Histoire des royalistes. De la Libération à nos jours*, Paris, Grancher, 1994, p. 188. Ce moment est marqué par un débat sur la fidélité dynastique entre la famille d'Orléans qui se déchire et le duc d'Anjou qui remet le légitimisme en selle et rallie à lui des monarchistes catholiques traditionalistes. Il s'accompagne aussi du retour d'une forme de providentialisme dans le discours royaliste.

40 Humberto Cuchetti, « La part du transnational dans l'Action Française post-68 », *op. cit.*, p. 19-21.

copieux d'une trentaine de pages intitulé « Aujourd'hui le royalisme » qui se conclut par un entretien de quatre pages avec le prétendant. La dernière question posée porte sur ses « relations avec les royalistes ». Le prince souligne leur existence et mentionne notamment « les mouvements comme l'Action Française, la Restauration Nationale, la Nouvelle Action Royaliste, l'Alliance royale » et même « des groupes dits "légitimistes" plus ouverts que les autres ». Des « relations » qui ne signifient nullement une « action militante », puisque « le prince [...] définit le cadre général de son action et les royalistes, pour ceux qui le souhaitent, intègrent leur action dans ce cadre général »[41]. Les différences entre les organisations royalistes n'empêchent donc pas le prince d'avoir les contacts les plus variés ni le numéro – même si *Politique Magazine* est lié à la Restauration Nationale – de consacrer des développements aux autres mouvements, illustrant ainsi une volonté de présenter un dossier « sans exclusive, ni esprit de chapelle, ces plaies du royalisme »[42]. Il peut donc se lire comme une photographie actuelle de la mouvance royaliste. Il en ressort, que ce soit à la lecture de l'entretien avec le prince ou des dix articles proposés, qu'il n'y est question ni de « fabrique contre-révolutionnaire du passé » ni de « transmission d'une fidélité » même si l'article d'ouverture précité de Jean-Philippe d'Albaret débute par une référence à la dernière édition de la messe du 21 janvier à Saint-Germain de l'Auxerrois qui a réuni plusieurs centaines de personnes. Si Jean-Philippe d'Albaret pose la question de savoir s'il s'agit d'une « survivance désuète », de « folklore », de « nostalgie »[43] – on remarquera l'absence du mot « fidélité » –, son article n'y répond pas et entend se projeter au contraire dans le présent pour présenter le royalisme comme un futur sinon prochain mais en tout cas hautement souhaitable pour le pays.

---

[41] Entretien, *Politique Magazine*, n° 153, juillet-août 2016, p. 35. Notons que le livre blanc précité considère (p. 27) que les organisations légitimistes réunissaient 18,72 % des adhérents déclarés à des organisations royalistes.

[42] Jean-Baptiste d'Albaret, « Aujourd'hui le royalisme », *Politique Magazine*, n° 153, juillet-août 2016, p. 13.

[43] *Ibid.*, p. 13.

# TROISIÈME PARTIE

# COLLECTIONNER LA CONTRE-RÉVOLUTION

# Les souvenirs pieux d'une culture contre-révolutionnaire

Claude-Isabelle Brelot

C'est une acception large du terme « Contre-Révolution » qui sera retenue dans cet article. En effet, si les libellistes, les agents et les théoriciens de la Contre-Révolution s'inscrivent dans une durée relativement brève, entre 1789 et 1804[1], la postérité de ce courant de pensée s'inscrit dans la longue durée d'un XIXe siècle qui court jusqu'en 1914 au moins[2]. Le courant réactionnaire, dans les domaines politique, religieux et social, est contre-révolutionnaire.

Malgré une longue fréquentation de nombreux fonds privés appartenant à des familles nobles connues au XIXe siècle pour leur royalisme, aucune collection d'objets contre-révolutionnaires n'a été rencontrée dans la noblesse provinciale. Il est vrai que la région étudiée – la Franche-Comté – n'a connu qu'une insurrection fédéraliste jurassienne et « la Petite Vendée », presque exclusivement paysanne, en septembre 1793 ; le château n'y est donc pas un lieu de mémoire contre-révolutionnaire et c'est à l'église de Maîche (Doubs) qu'a été placée la plaque commémorative des victimes de la répression. Cette communication est donc quelque peu en porte-à-faux. La noblesse, de surcroît, se distingue par des pratiques culturelles spécifiques. Ces constats posent toutefois une question qui n'est pas sans intérêt : pourquoi cette absence dans un milieu pourtant soucieux de conservation patrimoniale et amateur de collections ? C'est à cette interrogation qu'il s'agit de répondre, puisque la force de l'engagement des personnes ne semble pas être en cause. Auparavant, une première partie analysera la seule exception observée sur mon terrain de

---

1 Jacques Godechot, *La Contre-Révolution. Doctrine et action (1789-1804)*, Paris, Presses universitaires de France, 1961.

2 Jean-Clément Martin (dir.), *La Contre-Révolution en Europe (XVIIIe-XIX[e] siècles). Réalités politiques et sociales, résonances culturelles et idéologiques*, Rennes, Presses universitaires de Rennes [désormais PUR], 2001.

recherche : des « souvenirs pieux »[3] conservés dans une chapelle castrale, qui forment un ensemble se rapprochant d'une collection – mais qui n'en est pourtant pas tout à fait une.

## Reliques et représentations de saint Louis au château du Deschaux (Jura)

La seule collection rencontrée dans l'étude de la noblesse comtoise est une collection de reliques, au château de la famille des marquis de Vaulchier du Deschaux, avant qu'il ne soit vendu dans les années 1990. Ce cas est tout à fait particulier puisqu'il s'agit d'une collection de reliques : l'expression peut paraître provocante. Cette pratique est cependant attestée par Giuseppe Tomasi di Lampedusa[4]. Dans *Le Guépard* (1958), des années après la mort du prince Salina, ses trois filles, Concetta, Caterina et Carolina, jamais mariées, sont des bigotes. L'une d'elles, Carolina, collectionne les reliques que le cardinal de Palerme vient analyser. La chute est totale : ces reliques sont fausses pour la plupart. C'est le symbole de la fin des Salina et Concetta jette par la fenêtre la dépouille du chien bien aimé de son père qui part en poussière.

### *Une culture familiale contre-révolutionnaire*

Cette collection s'inscrit dans un contexte réactionnaire. En 1789, le marquis de Vaulchier, qui appartient à la bonne noblesse de la province – noblesse seconde –[5], s'est distingué comme l'un des vingt-deux gentilshommes libéraux de Franche-Comté ; il n'a pas émigré malgré ses antécédents militaires et a passé toute la période révolutionnaire dans sa seigneurie du Deschaux, proche de la ville de Dole (Jura). Toutefois, il est le beau-frère du marquis Terrier de Monciel, dernier ministre de l'Intérieur de Louis XVI qui, lui, émigre en août 1792 et se convertit alors à un catholicisme intransigeant et ultramontain ; il défend jusqu'à sa mort, survenue en 1831, la thèse de la survie de Louis XVII en la personne de Naundorff. Très proche des Chevaliers de la Foi en mars

3 Un souvenir pieux – ou *memento* – rappelle un défunt et appelle à une prière pour lui. Il comporte généralement un portrait ou une photographie.

4 Giuseppe Tomasi di Lampedusa, *Le Guépard*, 1958 ; 8e partie (mai 1910).

5 Jean-Marie Constant, *La noblesse en liberté (XVIe-XVIIe siècles)*, Rennes, PUR, 2004.

1814[6], rappelé par le comte d'Artois au Cabinet du Pavillon de Marsan à la Première Restauration, il connaît la disgrâce dès l'été 1814, se retire dans sa province et adresse dès lors jusqu'à sa mort, deux à trois fois par mois, un rapport au comte d'Artois, qui reste impassible.

**Fig. 1.** *Généalogie simplifiée de la famille de Vaulchier du Deschaux.*

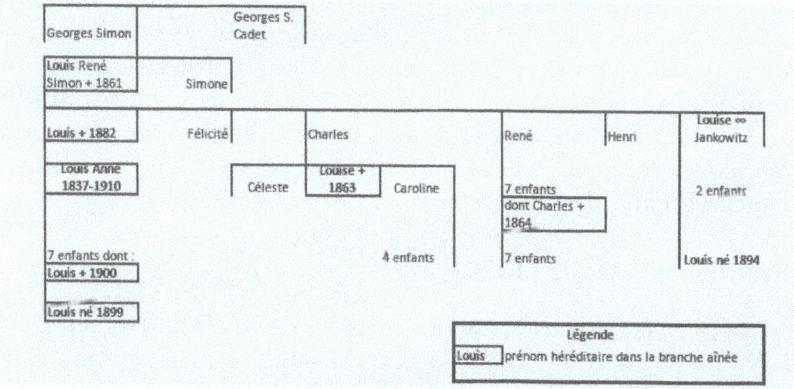


Le marquis de Monciel et le marquis du Deschaux sont très proches ; sans enfant, Terrier de Monciel exerce une forte influence sur le fils aîné du marquis du Deschaux, son filleul, dont il assure l'éducation à Paris (fig. 1). Ce dernier, *Louis* René Simon de Vaulchier, membre de la Congrégation[7] et fort du crédit de son oncle, fait une double carrière de préfet et de député, qui culmine avec sa nomination à la Direction des Postes en 1824 puis à celle des Douanes en 1828. Apprécié de Charles X, il se retire de la vie politique après juillet 1830 et réside désormais dans sa province, entre le château du Deschaux (Jura) et Besançon. Son fils Louis est l'une des figures brillantes du légitimisme comtois[8]. Il en va de même de son petit-fils, Louis-Anne, l'un des initiateurs de l'assemblée provinciale du Contre-Centenaire de 1789, assemblée tenue à Besançon en mai 1889[9]. Au mépris du décret de prairial an XII (1804), plusieurs membres de la famille sont enterrés dans le sol de l'église paroissiale

6 Claude-Isabelle Brelot, *La noblesse réinventée. Nobles de Franche-Comté de 1814 à 1870*, Paris, Belles-Lettres, 1992, 1243 p. 524.

7 *Ibid.*, p. 528.

8 Sur ces deux familles : *ibid.*, *passim.*

9 *Assemblée provinciale de Franche-Comté tenue à Besançon les 10, 11 et 12 mai 1889 à l'occasion du Centenaire de 1789*, Besançon, Jacquin, 1889.

en 1853, 1862 et 1863 et Louis Anne est en butte aux menées des républicains de son village dont le leader, lors de la location des bancs et des chaises de l'église pour 1890, enchérit sur lui pour s'attribuer le banc seigneurial[10]. Le contexte est donc tout au long du siècle celui du développement d'un patronage châtelain remis en cause à partir de 1880 par un républicanisme militant : les registres de la fabrique et les correspondances trahissent également des difficultés diffuses mais récurrentes avec le conseil municipal à partir des années 1870 ; le curé de la paroisse lui-même prend ombrage des privilèges de la chapelle castrale. La collection de reliques se trouvait dans cette chapelle, autorisée en 1543 au château du Deschaux. Celle-ci n'est qu'un simple oratoire privé, établie à l'intérieur même de la maison, les châtelains se rendant toujours le dimanche à la messe paroissiale[11].

## Premier reliquaire (1839)

La première relique est attestée en 1839. Deux ans plus tôt, en 1837, la femme de Louis de Vaulchier meurt en couches à 21 ans en laissant un orphelin de trois mois, Louis Anne. En 1839, le jeune veuf, accompagné de son père le marquis et de son frère cadet, entreprend un voyage à Rome et à Göritz : si le but en est de rencontrer le duc de Bordeaux à Göritz, il est aussi de solliciter une audience pontificale afin d'obtenir de Grégoire XVI des privilèges pour la chapelle castrale du Deschaux[12]. Le marquis *Louis* R. S. obtient deux authentiques de reliques et deux rescrits d'indulgence Les reliques sont celles de sainte Anne et de saint Louis[13], et leur choix est lourd de signification : le bébé né deux ans plus tôt a reçu à son baptême les prénoms de son grand-père paternel, le marquis *Louis* R. S., et de sa grand-mère maternelle, Anne de Cholet comtesse de Mauclerc, dont les prières s'élèveront pour le jeune enfant. Quant au rescrit d'indulgence, il s'agit d'une indulgence plénière pour

---

[10] Claude-Isabelle Brelot, « Châteaux, communautés de village et paysans dans une province française (1800-1870) », dans *Mélanges Philippe Vigier*, Paris, Créaphis, 1994, p. 58-59.

[11] Claude-Isabelle Brelot, « Fonctions et usages des chapelles castrales dans la noblesse provinciale (1802-1939) », dans Anne-Marie Cocula et Michel Combet (dir.), *Le château, le diable et le bon dieu*, Bordeaux, Ausonius, 2016, p. 387-402.

[12] Archives Départementales du Jura (ADJ), 35 J 220, *Journal. Voyage à Göritz et à Rome (1839)*, par Louis de Vaulchier, f°64 : aucune autre allusion à ces épisodes que celle-ci : « à grands frais de calottes, mon père avait aussi son audience du pape ».

[13] ADJ, 35 J 404, authentiques des 7 décembre et 23 novembre 1839.

tous ceux qui auront reçu la communion dans la chapelle pour la fête de Sainte-Anne, le 26 juillet, pour la Circoncision, le 1er janvier, et pour l'Ascension, ainsi qu'un autel privilégié pour tous les jours et à perpétuité pour les morts (fig. 2)[14].

**Fig. 2.** *Authentique de reliques de saint Louis, chapelle du château de Vaulchier du Deschaux (1837). ADJ, 35 J 404.*

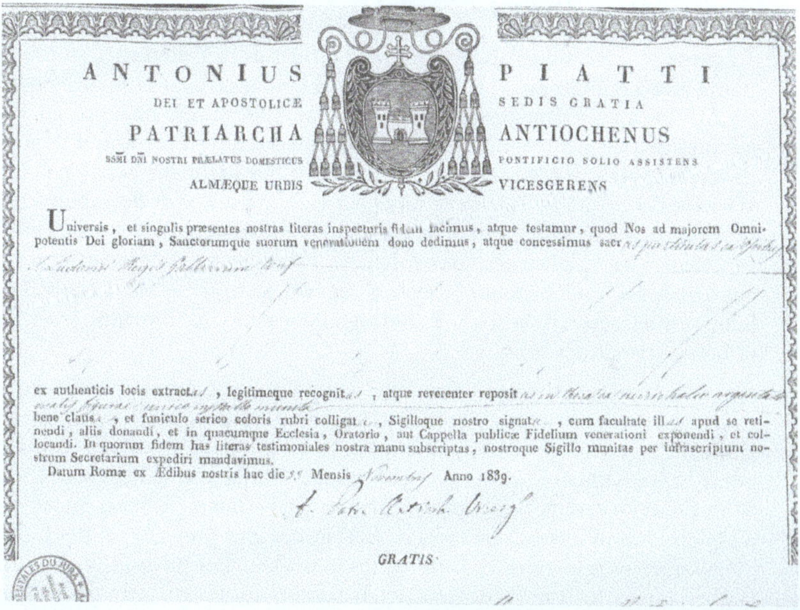
ANTONIUS PIATTI
DEI ET APOSTOLICÆ SEDIS GRATIA
PATRIARCHA ANTIOCHENUS
SSMI DNI NOSTRI PRÆLATUS DOMESTICUS PONTIFICIO SOLIO ASSISTENS
ALMÆQUE URBIS VICESGERENS

Universis, et singulis præsentes nostras literas inspecturis fidem facimus, atque testamur, quod Nos ad majorem Omnipotentis Dei gloriam, Sanctorumque suorum venerationem dono dedimus, atque concessimus sacr

ex authenticis locis extract , legitimeque recognit , atque reverenter reposit

bene claus , et funiculo serico coloris rubri colligat , Sigilloque nostro signat , cum facultate ill apud se retinendi, aliis donandi, et in quacumque Ecclesia, Oratorio, aut Cappella publicæ Fidelium venerationi exponendi, et collocandi. In quorum fidem has literas testimoniales nostra manu subscriptas, nostroque Sigillo munitas per infrascriptum nostrum Secretarium expediri mandavimus.

Datum Romæ ex Ædibus nostris hac die Mensis Anno 1839.

GRATIS

Un reliquaire neuf est alors commandé. En 1843, Louis, au cours de l'un de ses voyages en Allemagne, est séduit par l'école de Munich ; il commande au fondeur Stiegelmayer et au sculpteur Schwanthaler, alors en vogue[15], une statue de saint Louis en « bronze doré à trois teintes » avec « une bonne coulure et dorure » : « Il me faut un saint Louis très pieux et très chevalier, quoique bien roi : le plus grand homme du Moyen Âge sans contredit. Des fleurs de lys et des croix, et de plus un

[14] *Ibid.*, rescrit du 26 novembre 1839 ; lettre du Père Vaury au marquis de Vaulchier, Rome, 18 octobre 1839.

[15] Ludwig Michael von Schwanthaler (Munich, 26 août 1802 - Munich, 14 novembre 1848), sculpteur allemand, très apprécié de Louis Ier, professeur à l'Académie des Beaux-Arts de Munich, considéré comme le maître du néo-classicisme en Allemagne du Sud.

très grand style. [En bas du socle, sur la plinthe, on inscrira], de face : *Louis Schwanthaler pour Louis de Vaulchier* et, sur les autres côtés, *Louis Anne de Vaulchier*, *Louise de Vaulchier* et *Louis René Simon marquis de Vaulchier* », pour que l'œuvre soit « un monument de famille ». Sur la face de devant encore sera incrustée la relique possédée par Louis et, à l'arrière, seront ses armes, « relevées en bosse, comme humble et éternel souvenir »[16]. En l'absence d'un cliché, voici la description que donne de la statue un descendant :

> La statue [...] est constituée d'un socle en bronze de trois éléments, surmonté d'un Saint-Louis en pied ; le socle mesure 32,5 cm de haut et le personnage 55 cm. Les trois éléments du socle sont tout d'abord une base octogonale, surmontée d'un élément hexagonal, lui-même surmonté d'un nouvel élément de section carrée sur lequel repose la statuette. Sur l'élément hexagonal, à la verticale des angles de l'élément supérieur carré, se trouvent des colonnettes surmontées d'anges qui soutiennent sur leur dos les quatre angles de l'élément supérieur ; les colonnettes sont torsadées ; les anges tiennent un écusson aux armes des Vaulchier. Sur le socle octogonal, se trouvent deux couples de lettres entrelacées : F. M. et S. L. qui signifient peut-être Froment Meurisse et Louis Schwanthaler ?
>
> Quant à la statuette proprement dite, saint Louis est debout, coiffé d'une couronne sertie de pierres précieuses, surmontée de quatre fleurs de lys alternant avec quatre pointes. Son bras droit est levé, plié au coude, seuls son avant-bras et sa main sont verticaux ; le pouce, l'index et le majeur sont levés. Saint Louis est revêtu d'une cotte de mailles qui le couvre jusqu'au cou et aux poignets et tombe jusqu'aux mollets. Les coudes sont protégés par des pièces métalliques pleines recouvrant la cotte de mailles. Les pieds et les bas des jambes apparents sont recouverts de chausses pointues en cotte de mailles, munies d'éperons. Par-dessus cette cotte de mailles, il y a un grand manteau ou cape recouvert de fleurs de lys, qui couvre l'épaule gauche et est retenu autour du cou par une broche qui le ferme au-dessus de l'épaule droite. Le bras gauche est le long du corps, en partie recouvert par le manteau, la main gauche tenant la poignée d'une épée verticale, dont la pointe repose sur le socle ; cette épée est entourée d'une ceinture. À côté des pieds, se trouve un casque posé sur ce qui représente le sol [...].[17]

[16] ADJ, 35 J 222, *Journal d'un voyage en Suisse et dans l'Allemagne du midi (1843)*, par Louis de Vaulchier, f° 169-170.

[17] Mes plus vifs remerciements et toute ma gratitude vont à monsieur Simon de Vaulchier, qui a bien voulu me donner cette description.

Le reliquaire, « souvenir pieux » du lignage et de la mort de Philippine, illustre l'imagerie de la « monarchie médiévale » réinventée par les ultra-royalistes[18]. Mais ce n'est pas le seul et il fait collection avec d'autres reliquaires.

## Second reliquaire (1882)

En effet, au fil des décennies, la famille de Vaulchier se montre des plus soucieuses de faire renouveler les privilèges de la chapelle du château face aux réticences réitérées du curé de la paroisse. Le 9 décembre 1882, après de nouveaux doutes élevés par le curé, le renouvellement est accordé, y compris pour les authentiques des reliques. De nouvelles reliques trouvent place dans l'oratoire.

Un deuxième reliquaire est donc commandé. Louis Anne de Vaulchier en confie l'exécution à Thomas-Joseph Armand-Calliat, à la tête de l'une des plus grandes maisons françaises d'orfèvrerie religieuse – il s'agit d'une fabrique lyonnaise, située montée du Gourguillon, au pied de Fourvière. Très richement décoré, chargé des armes de France, de celles des Vaulchier du Deschaux et de plusieurs autres lignées, il s'inscrit dans le goût néo-gothique ; il a été exposé à Paris à l'Exposition universelle de 1889[19]. La tête du saint est la même que sous le ciseau de Schwanthaler, et elle correspond à celle du *Dictionnaire du mobilier français* de Viollet-le-Duc (fig. 3)[20].

18 René Rémond, *La droite en France de la Première Restauration à la Ve République*, Paris, Aubier, 1968, p. 38 et s.

19 Archives nationales, base de données en ligne LEONORE : dans son dossier de Légion d'honneur, Thomas Joseph Arman-Calliat (Les Abrets (Isère), 24 octobre 1822 - Lyon, 29 novembre 1901) orthographie ainsi son nom ; Armand-Calliat, *L'orfèvrerie religieuse lyonnaise à l'Exposition de 1889*, Lyon, 1889, p. 36 ; Bernard Berthod, *T.-J. Armand-Calliat (1822-1901), orfèvre à Lyon. Étude de sensibilités religieuses comparées*, thèse de doctorat, Université Lyon III, 1985. Les armes dont le pied est décoré sont celles des membres de la famille de Louis IX et de Philippe le Hardi, qui réunit duché et comté de Bourgogne sous son règne et pour un siècle. Un dessin préparatoire du reliquaire est conservé au Musée de Fourvière à Lyon.

20 Monsieur Simon de Vaulchier a eu l'extrême obligeance de la communication des clichés de ce reliquaire et de l'expertise de l'objet par Jacques Berthod. Sur la maison Armand-Caillat, cf. Bernard Berthod, *T.-J. Armand-Calliat*, *op. cit.*

**Fig. 3.** *Thomas-Joseph Armand-Calliat, buste-reliquaire de la chapelle du château du Descheaux, années 1880. Coll. part.*

## Autres objets du « trésor »

D'autres reliques et reliquaires viennent s'y ajouter. Le nombre des reliquaires est important, et le mobilier de la chapelle assez étoffé pour constituer un patrimoine. En effet, d'autres objets complètent l'ensemble en conjuguant eux aussi dévotion, affection familiale et recherche artistique. La fille du marquis *Louis* R. S., Simone de Vaulchier, qui se voue tout entière à sa vocation d'artiste, a contribué à la décoration de la pièce avec trois tableaux, notamment une toile montrant *Saint Louis en buste*, à côté de *La Visitation* et *Saint Georges*, à la fois patron de la confrérie de la noblesse la plus ancienne de la province et du père de l'artiste. La représentation de saint Louis, quant à elle, atteste la force du culte dans lequel communient cette femme et son frère et qui associe légitimisme monarchique, réinvention du Moyen Âge, culte du saint patron du lignage et piété filiale.

Ce culte familial de saint Louis ne surprend pas. En effet, de génération en génération, à partir de la fin du XVIII$^e$ siècle, le prénom de Louis est héréditaire dans la branche aînée pour les chefs et futurs chefs de la Maison. Vers 1860, cinq membres du lignage portent ce même prénom (fig. 1) : le marquis *Louis* René Simon ; Louis, son fils aîné ; Louise, sa fille, baronne de Jankowitz ; Louise, l'une de ses petites-filles, morte en 1863 et enterrée dans le sol de l'église ; Louis Anne, son petit-fils, fils de Louis. Aussi la fête de Saint-Louis, le 25 août, est-elle l'occasion d'une grande réunion annuelle[21], marquée par une messe, suivie le lendemain par la visite et le fleurissement des tombes de la famille. Ce rite a été institué par le marquis *Louis* R. S. dès la Monarchie de Juillet. Il est poursuivi par ses enfants et par son petit-fils Louis Anne qui se veut « chrétien et gentilhomme »[22] et qui, en 1889, remet à cette occasion la généalogie familiale à sa tante, la baronne Louise de Jankowitz, qui lui a montré « une grande tendresse de cœur » pendant son enfance d'orphelin ; le geste comme la date sont hautement symboliques. La Saint-Louis est encore fêtée vers 1910 (fig. 4).

Ainsi, à la chapelle castrale du Deschaux, une demi-douzaine d'objets constitue un mémorial voué à saint Louis – un saint Louis héroïsé en roi de la monarchie médiévale que souhaitaient restaurer les ultra-royalistes des années 1820. Ce « trésor » fait du sanctuaire le temple de la mémoire familiale, de la légitimité dynastique et du catholicisme ultramontain, dans une ligne authentiquement contre-révolutionnaire. La motivation des commandes est la conviction religieuse et non la curiosité passionnée du collectionneur. Mais elles attestent la volonté de constituer un ensemble cohérent et le goût d'une esthétique néo-gothique, dans le but, explicité par le marquis Louis Anne, de transmettre la foi contre-révolutionnaire et de « sauver les débris de la société chrétienne, sacerdotale et militaire »[23]. Réactionnaire, ce mémorial, qui présente plusieurs des caractères d'une collection, n'en constitue cependant pas une à proprement parler. En ce sens, il est représentatif de la place de la noblesse légitimiste dans la fabrication de la mémoire contre-révolutionnaire.

---

21 ADJ, 35 J 87, Lettre de Louis à son père *Louis* R. S., Bonn, 28 août 1845.

22 Coll. part., Louis Anne de Vaulchier, *Souvenirs d'un gentilhomme*, f° 266-267.

23 *Ibid.*, f° 214-215 (1888).

**Fig. 4.** *Le second reliquaire et le jeune Louis, futur marquis de Vaulchier du Deschaux, vers 1910. Coll. part.*

## Paradoxes nobiliaires : une mémoire contre-révolutionnaire sans collection

### *La collection, une pratique nobiliaire*

De prime abord, l'absence de toute collection contre-révolutionnaire dans les rangs d'une noblesse provinciale est surprenante. La pratique de la collection, en effet, distingue les cabinets de curiosité et les galeries des hôtels particuliers et des châteaux aux XVIII^e^ et XIX^e^ siècles. Si les châteaux se signalent par leurs collections de peinture et leurs portraits d'ancêtres, les maisons de ville abritent également bibliothèques, pièces d'orfèvrerie, médaillers, portefeuilles de gravures et cabinets d'histoire naturelle, avec herbiers, fossiles et coquillages[24]. Tels sont les genres nobles de la collection dans la société du XIXe siècle. Par opposition, la désaffection de la noblesse pour d'autres collections semble totale. Les collections d'objets relèvent d'un genre mineur abandonné aux brocanteurs et aux autels privés évoqués par Maurice Agulhon. Elles sont très rares : ce n'est qu'au XXe siècle que Bersaillin (Jura) fait exception comme « château de la faïence » en raison de l'abondance des assiettes de diverses faïenceries françaises réputées. Bref, les objets n'ont d'intérêt que s'ils sont « biens de famille » et distingués comme tels lors des successions. La collection est une pratique incontestablement nobiliaire, à la condition toutefois d'être constituée dans les genres nobles qui viennent d'être énumérés et d'être revêtue de la valeur symbolique du patrimoine familial.

## Les hommes, vecteurs de la mémoire plus que les collections

Si la noblesse n'est pas rétive au goût de la collection, bien au contraire, c'est le fait même de collectionner des objets contre-révolutionnaires qui suscite sa réticence. La noblesse légitimiste, qui se pose en victime de la Révolution, se considère en effet comme la mémoire vivante de la contre-révolution, qu'elle incarne et pour laquelle certains ont combattu, si bien que ce qui en matérialise le souvenir est superfétatoire. Elle ne reconnaît qu'un statut de *memento* à quelques traces d'un épisode précis appartenant à la fois à l'histoire familiale et à la geste contre-révolutionnaire. La collection à proprement parler ne peut être que le fait de curieux qui ne portent pas dans leur chair les stigmates du combat et qui en regardent les vestiges en étrangers curieux ou fascinés. Ces vestiges n'ont pas d'intérêt en eux-mêmes, et les accumuler banaliserait une cause qui ne saurait être galvaudée par la manie de la collection. C'est seulement quand elle est la marque d'une conviction partagée que la collection mérite quelque intérêt.

C'est la famille qui est érigée en conservatoire de la mémoire. Fils aînés et jeunes gens en sont les dépositaires privilégiés et ils sont éduqués pour en être les vecteurs légitimes et combatifs. L'imputation d'un prénom, la vocation scellée par le nom de leur maison, l'apprentissage précoce de la généalogie familiale, l'histoire du lignage et l'exaltation de

[24] Claude-Isabelle BRELOT, *La noblesse réinventée*, *op. cit.*, p. 840-864.

ses faits les plus marquants les marquent dès le plus jeune âge. L'enfance de Louis Anne de Vaulchier a été bercée par les récits d'émigration de son grand-père maternel, et son imaginaire chevaleresque a été façonné par ces souvenirs. La fabrication de la mémoire contre-révolutionnaire est d'abord le produit de l'éducation familiale. Ce sont les rejetons de la lignée qui en sont les vecteurs. Les objets qui meublent leur univers familier ne font que contribuer à la pédagogie des valeurs nobiliaires. Il est vrai qu'ils constituent le plus souvent un univers symbolique d'une grande force.

## *La fabrique d'un univers contre-révolutionnaire : châteaux, chapelles et archives*

L'univers contre-révolutionnaire de la noblesse comporte en effet d'autres ressources que la collection. La préférence est donnée non pas à l'objet mais aux monuments de pierre – les châteaux – et aux monuments de papier – les archives –, comme si l'objet n'était, dans la fabrication de la mémoire contre-révolutionnaire, que le palliatif réservé à ceux qui n'ont pas accès aux sources les plus légitimes.

Aménagements châtelains et constructions visent systématiquement, au XIXe siècle, à l'imprégnation inconsciente de la mémoire du jeune enfant. Blason, devise de la maison noble et motifs néo-gothiques ponctuent architecture et décor des pièces de réception, et l'éducation première en inculque au jeune enfant une signification adaptée à son époque. Ils l'appellent de façon incessante à s'inscrire dans la continuité et dans la fidélité à l'honneur de son nom. Si le château n'est pas un lieu de la mémoire contre-révolutionnaire – même si, parfois, une pièce où ont été accueillis des prêtres réfractaires est sanctuarisée comme telle –, il n'en est pas moins un « château à souvenirs » qui exalte la culture de l'ancien second ordre du royaume. De même, la sépulture d'un émigré inhumé à l'étranger est le but des pèlerinages de la parentèle : ainsi en va-t-il de la tombe de Terrier de Monciel à Semsales (Suisse), où se rendent ses neveux et ses amis. Plus généralement, la restauration des anciennes chapelles funéraires prend une signification contre-révolutionnaire.

Les archives, quant à elles, attestent la force d'une mémoire écrite pour être transmise aux générations à venir. On relève notamment que la quasi-totalité des fonds familiaux conservent un exemplaire imprimé des testaments de Louis XVI et de Marie-Antoinette, qui font figures de « souvenirs pieux » sans cependant être distingués par un classement particulier. Ce sont surtout les manuscrits qui constituent l'une des pièces maîtresses de la mémoire nobiliaire. La volonté de transmission leur confère parfois un statut particulier et privilégié. La conscience du rôle joué par une personnalité importante provoque un dépôt rapide dans les archives publiques : ainsi en va-t-il, dès 1832, des documents laissés par le marquis Terrier de Monciel[25]. Quant au petit registre des « Mémoires de Marie Antoine *Charles* Suzanne Terrier marquis Terrier de Santans » (1773-1830), il n'était pas conservé dans la salle d'archives au moment de notre consultation, mais dans la bibliothèque du château de Moncley (Doubs). Présenté sur le modèle d'un livre de famille et soigneusement relié, il récapitule en effet les épisodes cruciaux de la période révolutionnaire : émigration du jeune Charles Terrier de Santans, luttes procédurales de ses parents pour sauver leur fortune, arrangements de famille lors du retour d'émigration et étapes de la reconstitution du patrimoine. Plus exceptionnel est le sort du manuscrit dans lequel Alban vicomte de Villeneuve-Bargemont, ancien préfet de Lille (1828-1830), a consigné ses « Notes inédites sur le voyage de S.A.R. Madame la Duchesse de Berry en France (1832) »[26]. En effet, du 3 mai au 7 mai 1832, il a accompagné la duchesse de Berry dans la voiture qui la mène d'Aix à Plassac, à marche forcée, en cinq jours et quatre nuits. Il a été pieusement recopié, et l'une de ces copies – peut-être augmentée –, communiquée à des cousins et alliés, se trouve dans le fonds du château de Bersaillin. Sa présence dans le Jura s'explique par le mariage, en 1894, d'Hélion de Villeneuve-Bargemont avec une fille de la noblesse comtoise, Simone de Froissard-Bersaillin ; elle manifeste curiosité et complicités idéologiques. Le sort de ce document n'est d'ailleurs pas sans poser question : objet de soin – peut-être de vénération – au moment de sa rédaction, il est resté inédit ; il est même passé inaperçu au moment du dépôt du fonds aux Archives départementales du Jura. Ce « souvenir pieux » atteste ainsi non seulement la fabrication

---

25 Bibliothèque municipale de Besançon, Ms 1717, Documents concernant le marquis Terrier de Monciel (1757-1831) ; le dépôt en a été fait dès 1832, immédiatement après sa mort. Quant au document des Archives départementales du Doubs, Ms 270 (registre), Copie des rapports adressés par le marquis Terrier de Monciel au comte d'Artois (1820-1826), il a sans doute été donné à la même date ; mais, au moment de l'inventaire, les rapports ont été attribués à tort au marquis de Vaulchier du Deschaux : René Terrier de Monciel, « Notes historiques sur les événements des six premiers mois de l'année 1814 », édité par Charles de Vaulchier son neveu, *Annales franc-comtoises*, avril 1869, p. 274-298.

26 ADJ, 36 J, Fonds du château de Bersaillin.

de la mémoire contre-révolutionnaire mais aussi ses ruptures, voire ses échecs[27]. Vicissitudes auxquelles n'échappent pas d'autres recueils : tel manuscrit, véritable manifeste contre-révolutionnaire, est demeuré dans un statut confidentiel tandis qu'un autre, récit des menées royalistes à la fin du Premier Empire, dont la publication avait été envisagée au siècle dernier, a échappé jusqu'ici à toutes les investigations[28]. Bref, les ratés de la transmission de la mémoire contre-révolutionnaire sont aussi significatifs que les aléas de sa fabrication.

La contre-révolution est une idéologie, voire une utopie, qui s'est initialement développée dans la clandestinité – et, de ce fait, dans une certaine confusion. Elle constitue une nébuleuse qui n'a pas de chef reconnu et au sein de laquelle les sensibilités politiques et religieuses ont provoqué de nombreux conflits. En son sein, la volonté de transmettre une fidélité s'exprime de façon très variée : la collection d'objets en est l'une des facettes. La noblesse ultraciste puis légitimiste semble avoir privilégié d'autres modalités, sans doute parce que c'est tout son univers symbolique qui est frappé du sceau de la contre-révolution : or monuments, archives et correspondances se prêtent mieux à une transmission globale et intégrale que l'activité plus aléatoire de la collection.

---

27 À notre connaissance, le texte n'a jamais fait l'objet d'une publication. Nous lui avons consacré deux articles : Claude-Isabelle Brelot, « Vendée et utopie au XIX^e^ siècle », dans Denise Turrel (dir.), *Mélanges Claude Petitfrère. Regards sur les sociétés modernes (XVI^e^-XVII^e^ siècles)*, Tours, Université de Tours, 1997, p. 185-191 ; « Un inédit des archives châtelaines de Bersaillin : un document local rejoint la grande histoire (1832) », *Travaux* […] *de la Société d'émulation du Jura (1996)*, Lons-le-Saunier, 1997, p. 115-123.

28 Woelmont de Brumagne, *Notices généalogiques*, Paris, Champion, 1923-1935, 9 vol., notice « Pierre Georges de Scey ».

# Les guerres de Vendée collectionnées

Jean-Jacques Lucas

La construction mémorielle des guerres de Vendée est redevable aux trophées, reliques, objets usuels, vêtements, vestiges, archives qui ont abondé le légendaire. L'objet administrant la preuve pour qui la visualité des choses est la condition de la vérité, les fonds et les collections privés ont participé de cette histoire matérielle. Encore faut-il que la procédure d'encollectionnement soit une pratique de l'*otium*, de cette oisiveté signe d'une bonne naissance, parce que la possession ne fait pas seule la collection.

La collection, si humble soit-elle, appelle le colloque singulier de qui la resserre. Sa foi, ses convictions s'en trouvent d'abord nourries. Les temps d'ostension par l'exposition temporaire révèlent l'ampleur et la nature des reliefs des guerres de Vendée et du chambordisme. La grâce de la réminiscence par ces souvenirs accumulés trouve un temps d'évocation et d'activation lors d'événements consacrés à cette guerre voulue geste de ce côté-ci du souvenir. Ainsi, l'exposition ethnographique de Niort en 1896, puis l'exposition au musée Dobrée à Nantes en 1935, doublée avec pratiquement les mêmes objets par celle du Musée de Cholet en 1943 constituent un probable temps premier d'instruction d'un passé convoqué. En 1963, le château des ducs de Bretagne consacrait une exposition à Charette et, la même année, le musée Dobrée présentait des objets commémorant la duchesse de Berry et le duc de Bordeaux, celui-ci faisant à nouveau l'objet, au même endroit, d'une exposition en 1977. En 1967, le musée Dobrée avait exposé à partir de ses collections départementales « La Révolution à Nantes et la Vendée militaire » reprenant quelque peu le principe de l'exposition de 1935, « Souvenirs des Insurrections dans l'Ouest », par la recherche de présentation équilibrée d'objets républicains en regard de pièces de l'orbe vendéenne.

Dans ces manifestations, deux niveaux de ressources agissent, les prêts directs par des détenteurs de ces hoiries singulières et la monstration des fonds muséaux, collectés, mais aussi tous ceux reçus en donation. Croix, médailles, monnaies, armes, mais aussi reliques, objets du supplice, des exécutions, comme le fauteuil dit de d'Elbée à Noirmoutier ou le vantail de porte contre lequel Charette fut abattu, le surmoulage de son masque mortuaire, le crâne dit de Stofflet au musée de Cholet ou des mèches de cheveux de la duchesse de Berry. Autant les registres et catalogues du musée Dobrée à Nantes ou du musée de Cholet entrant en dialogue avec ceux des expositions, les entrées par les acquisitions ou les donations font l'état de l'ampleur de ces objets de peu ou de prestige patrimonialisés en sorte de se dresser en face de leur vaineté. Comme la tombe dit la présence de l'absence, la relique, le vestige, l'objet à l'usage disqualifié construit un discours, une collection de petits récits dans lesquels gisent l'injonction mémorielle et la sensation du souvenir. Ces édifices d'accumulation savent être élucidés *in situ*, dans les lieux de dépôt intimes ou dans leurs destinations extimes, temporaires ou ultimes, dont on voit qu'elles agissent dans le contexte géographique de l'événement confondu avec son territoire. Les dispositifs de patrimonialisation privée ou publique, simultanée ou consécutive, le souci de la transmission par la filiation ou chez un récepteur obligé, le musée, les systèmes et procédés de présentation dépassent l'objet-prétexte devenu presque secondaire en regard de la charge qu'il porte.

## Les dispositifs épiphaniques des systèmes et objets collectionnés et possédés

### *L'exposition de 1983 à l'Écomusée du Puy-du-Fou en Vendée*

En 1983, l'Écomusée départemental de Vendée consacrait une exposition intitulée « Les Traces des Guerres de Vendée dans la mémoire collective ». Le catalogue y comptait une rubrique intitulée « Le culte des reliques »[1]. L'argumentaire développé par Jean-Clément Martin, rédacteur du catalogue de l'exposition, appelle le souvenir, le trophée et leur fonction véhiculaire[2] :

---

1 *Les Traces des Guerres de Vendée dans la mémoire collective*, Écomusée départemental, château du Puy-du-Fou, Les Épesses (Vendée), exposition du 7 juillet au 30 septembre 1983, 1985.

2 Jean-Clément Martin est alors engagé dans la recherche qui aboutit à sa thèse d'État, *Le souvenir de la guerre de Vendée (1793-1980)* datant de 1987 et des ouvrages issus de cette recherche, *La Vendée et la France* en 1987 puis *La Vendée de la mémoire (1800-1980)* en 1989.

Les objets constituent également d'excellents véhicules du souvenir. Tout au long du XIXe siècle, les familles des combattants recherchent avec ardeur les témoignages des événements. Le culte des trophées, comme après chaque guerre : recherche des drapeaux, des armes ayant appartenu à des personnages célèbres, donne lieu à d'innombrables publications qui recensent les tribulations de ces reliques. Les objets portés par des personnages célèbres conduisent parfois à des confusions que l'histoire prend à son compte. Il en est ainsi des plaques de garde-chasse de Stofflet ; celle qu'il portait sur lui était aux armes des Colbert de Maulévrier. Trois familles en possèdent trois exemplaires différents toutes aux armes des Colbert et revendiquent peut-être à juste titre l'appartenance au héros des guerres de Vendée. Les archives des héros vendéens tels que les billets signés de la main du chevalier de Charette sont rares. Il est fréquent d'en voir des reproductions postérieures. Les reliques religieuses : crucifix, calices sont sans doute avec les drapeaux les objets les plus chargés de souvenir [...]. Figurent à cette exposition des reliques personnelles, le plus souvent des fragments de vêtements ou des parures ayant appartenu à des chefs des guerres de Vendée : fragment de chemise de Cathelineau taché de sang, portefeuille du Prince de Talmont qu'il laissa à l'Ouvrinière lors du passage de la Loire, croix reliquaire que portait Cathelineau au revers de sa veste, croix de Saint-Louis ayant appartenu à Charette, écharpe du général de Sapinaud donnée par la duchesse d'Angoulême, patte de chapeau du capitaine de la paroisse de La Tessoualle, Pierre Bibard. L'objet le plus humble, sans aucun critère esthétique, se transmet alors de famille en famille, telles la plaque porté par Aimée de Sapinaud au bagne de Lorient et les balles de fusil retrouvées à la bataille de Saint-Philbert-du-Pont-Charrault. À l'exemple des feuilles de saule recueillies au-dessus du tombeau de l'empereur à Sainte-Hélène, la relique du lieu est souvent aussi le seul souvenir tangible des événements. On verra à cet égard la table où fut signé le traité de Saint-Florent par Stofflet en 1795 ; le fragment de l'arbre sous lequel Charette fut capturé à la Chabotterie. L'objet n'est parfois relique des guerres de Vendée et ne s'inscrit dans le souvenir familial que parce qu'il a appartenu à un ancêtre qui a approché un des chefs. Ainsi, le taste-vin de Nicolas Buet, médecin qui a soigné Charette. Enfin, les interviews réalisées dans toute la Vendée militaire font très souvent allusion à des meubles ou des objets, en particulier de l'argenterie, enterrés pendant les guerres de Vendée. Il est fréquent de se faire montrer des armoires transmises de génération en génération, qui furent ensevelies ou qui portent encore des coups de sabre des colonnes infernales. L'objet entretient alors le souvenir familial.[3]

Dans cette rubrique de l'exposition, les organisateurs ont rassemblé 20 items (n° 338 à 357) quasiment tous énumérés dans cette justification et dont les notices répètent les rares indications au sujet des objets, telles

---

3 *Ibid.*, p. 87.

qu'elles figurent dans les catalogues des expositions précédentes et sur les notices de conservation. Ainsi repère-t-on l'indication Collection Houlier de Villedieu (n° 340, écharpe du Général de Sapinaud ; n° 341, cachet du Général de Sapinaud), ou collection Savariau (n° 344, balles de la bataille de Saint-Philbert-de-Pont-Charrault), collection de M. l'abbé Lépine (n° 345, morceau de chemise de Cathelineau, taché de son sang [dans un médaillon] ; n° 351, croix reliquaire portée par Cathelineau au revers de sa vareuse), la collection du docteur Henri Buet (n° 347, taste-vin de Mathurin Nicolas), la collection de Joannis (n° 348, plaque d'immatriculation d'Aimée de Sapinaud, sœur du général au bagne de Lorient), les collections de l'Aujardière et de Romans, chacune pour une plaque de garde-chasse de Stofflet (n° 349 et 350), ou enfin les collections de Guerry (n° 352, croix de Saint-Louis du chevalier Françoise Athanase de Charrette « donnée par lui à Osmane Victoire de Guerry de Beauregard »), des Lauriers (n° 354, croix de procession), et de Casenoves de Pradines (n° 356, drapeau de Bonchamps). Voilà une petite série de 9 détenteurs d'objets raccrochés selon la convention à l'appellation « collection » et dont rien ne vient justifier la pratique d'assemblage. Il ne s'agit que de détention d'objets, sans récit justificatif, sauf la brève recension de transmission du n° 352.

## L'organisation thématique de l'exposition de 1935 au musée Dobrée

Un demi-siècle auparavant, le musée Dobrée, à Nantes, organisa entre avril et octobre 1935, l'« Exposition des souvenirs des insurrections dans l'Ouest – 1793-1832 »[4]. En 1943, le musée de Cholet, administré par la Société des Lettres, Sciences et Arts et dotée depuis 1914 des portraits en pied des chefs vendéens initialement exposés, jusqu'en 1830, à la salle des Gardes du Palais de Saint-Cloud, renouvelle l'expérience nantaise de 1935 par l'« Exposition de souvenirs du soulèvement vendéen – Blancs et bleus – 1793-1832 »[5]. En 1963-1964, le Musée départemental de Loire-Atlantique, musée Dobrée, consacre une exposition à « Madame la Duchesse de Berry », prolongée en 1977, au même endroit par

4 *Exposition des Souvenirs des Insurrections dans l'Ouest (1793-1832)*, Musée Dobrée, Nantes, avril-octobre 1935, non paginé, édité par la Société des Amis du Musée Dobrée.

5 « Exposition de souvenirs du soulèvement vendéen – Blancs et bleus (1793-1832) », Musée de Cholet, Société des Sciences, Lettres et Beaux-Arts de Cholet et sa région, mars-avril 1943.

une exposition intitulée « Le Duc de Bordeaux. Henri V, comte de Chambord »[6]. Cependant, l'exposition majeure fut celle de 1967, « La Révolution à Nantes et la Vendée militaire »[7].

Le catalogue de l'exposition de 1935 est divisé en 19 rubriques centrées autour de six chefs vendéens majeurs (Charette, 36 numéros ; D'Elbée, 8 numéros ; Bonchamps, 9 numéros ; Cathelineau, 14 numéros ; Stofflet, 15 numéros ; La Rochejacquelein, 5 numéros), tandis que 23 numéros suivants sont consacrés à d'« autres chefs vendéens » [*sic*]. Des rubriques « Objets divers » (25 numéros) ou « Divers » (97 numéros) séparent les entrées suivantes « Quiberon émigrés », « Chouannerie – Georges Cadoudal », « Souvenirs républicains », « 1815 », « 1832 ». Trois rubriques neutres « Affiches », « Pièces prêtées par les Archives départementales » et « Pièces prêtées par la Ville de Nantes précèdent deux entrées approchant l'idée de collection, tandis que la liste des 21 entrées est close par une rubrique « Documents ». Deux entrées portent l'indication « Collection de ». La « Collection du château de Clisson – Boismé (Deux-Sèvres) » et la « Collection Comte de Villoutreys » dont le nom revient dans de nombreuses autres rubriques du catalogue.

La série dite « Collection du château de Clisson – Boismé (Deux-Sèvres) » appartient au patrimoine mémoriel familial puisque cette demeure est restée dans l'hoirie de la marquise de La Rochejacquelein (1772-1857) qui épousa Louis-Marie de Lescure (1766-1793, blessé à la bataille de La Tremblaye contre Westermann, il meurt le 4 novembre 1793) en 1791, cousin de Henri de La Rochejaquelein (1772-1794, 28 janvier, bataille de Nuaillé). Elle épousa ensuite le frère de Henri de La Rochejaquelein, en 1802, Louis (1777-1815) qui périt à son tour pendant l'insurrection de 1815. Cette présence d'un patrimoine familial est repérée aussi dans la série des objets de Charette (n° 1 à 5, 7, 11), appartenant à Madame Joseph de Charette de La Contrie et Madame Henry de Charette (n° 28), d'Elbée (n° 37, 40, 41, 42), de Bonchamps (n° 47 et 49), de Cathelineau appartenant à M. E. Cathelineau (n° 62, 63,67) et M. Marc Cathelineau (n° 58).

---

6 *Madame Duchesse de Berry*, Nantes 15 décembre 1963 - 15 février 1964, Musée départemental de Loire-Atlantique, Palais Dobrée, place Jean V, Nantes, 32 planches ; *Le Duc de Bordeaux. Henri V comte de Chambord*, Musée départemental de Loire-Atlantique, Nantes, 1978.

7 Dominique Costa, *La Révolution à Nantes et la Vendée militaire. Catalogue des collections départementales*, Musées départementaux de Loire-Atlantique, Palais Dobrée, place Jean V, Nantes, 1967, non paginé.

## L'exposition de 1935 au musée Dobrée de Nantes : une distribution autour des chefs vendéens

### *Charette et La Rochejaquelein, deux figures centrales de l'exposition de 1935*

La visualité des objets recensés, par l'importance accordée à ce que l'on voit, sélectionnés par les organisateurs de l'exposition ou choisis par les détenteurs procède de dispositifs thématiques implicites établissant un présupposé, celui de l'héroïsation et du martyr. Dans le cas de Charette, exécuté à Nantes le 29 mars 1796, le principe de la relique est organisé autour du temps de l'exécution (Porte-poteau d'exécution). L'écharpe tachée de sang avant l'exécution et la timbale du médecin Nicolas Buet disent l'homme blessé que l'on a exécuté, à l'instar de d'Elbée à Noirmoutier deux années auparavant (6 janvier 1794). Ici, deux pièces établissent la dramaturgie de la fin de d'Elbée, dans la petite série de 8 numéros qui lui sont consacrés (n° 37 à 44), au n° 37 : « Fauteuil dans lequel d'Elbée fut fusillé. Noirmoutier le 18 nivôse an II (6 janvier 1794) – M. Le Marquis d'Elbée » et au n° 39 : « Médaillon d'émail que portait d'Elbée au moment de son arrestation, représentant d'un côté saint Benoît, de l'autre sainte Catherine de Sienne – Musée Dobrée ». Du corps mort ou de l'instant du trépas tragique, le détenteur et l'exposant disposent du masque mortuaire dont le récit macabre de la confection est rapporté avec la notice, et un surmoulage ouvrant une possible série de déploiement de la relique. Le corps de Charette gît encore dans les dépouilles, deuxième peau abandonnée, ses vêtements de combattant et de chef, tandis que de Henri de La Rochejaquelein, ne rapporte-t-on qu'un équivalent de coiffure, un mouchoir (dit de Cholet pour Charette) enserrant la chevelure. La figure de Louis de La Rochejaquelein, tué aux Mathes le 3 juin 1815 supporte faiblement la comparaison avec ceux de la Grande Guerre et implicitement s'agit-il de la position centrale de Marie-Louise Victoire de Donnissan, veuve de Lescure puis de Louis frère de Henri de La Rochejaquelein. Au n° 469 « Montre que portait Louis de La Rochejaquelein quand il fut tué au combat des Mathes, 3 juin 1815 », l'objet précieux et à portée symbolique de premier degré a été conservé neutralisé et non transmis pour son usage semble-t-il, sinon il ne serait pas référencé comme montre porté par le défunt lorsqu'il fut abattu pendant une opération militaire. Les deux figures n'existent que par l'événement militaire, la campagne guerrière qui les institue. Ainsi, les armes de poing et de l'armement-témoin prolongent les corps-fantômes, tout au moins les sabres de Charette et de Lescure, le premier époux de la marquise de La Rochejacquelein, mort des suites de ses blessures le 4 novembre 1793 (Bataille de La Tremblaye, le 15 octobre 1793). Les autres pièces d'armement relèvent soit de l'événement comme la pièce d'artillerie, soit de l'arme d'honneur (épée d'homme, pistolets). Les pièces autographes, « mémoires de papier » participent du dispositif de prolongation corporelle, de l'objet *stricto sensu*, attestation autographique et présence de l'absence à l'instar des vestiges vestimentaires. Marie-Louise Victoire de Donnissan s'inscrit en pivot autour de Lescure et des deux frères La Rochejaquelein, la rubrique n'étant intitulée que par le château de la double veuve, qui fut la maison de Lescure. Elle associe ses deux maris morts au combat lors de deux soulèvements, à 22 années de distance, Lescure et Louis de La Rochejaquelein, son beau-frère et cousin par alliance Henri de La Rochejaquelein, et ses jumelles, filles de Lescure nées en avril 1794, trois mois après la mort de leur père. La visualité dont les conditions d'exposition peuvent différer des autres objets appelle l'importance absolue de solliciter « Les yeux pour le croire»[8]. Mais, seul Charette est ici portraituré par le dessin ou la gravure, objets mobiliers, diffusés alors que le tableau, *unicum*, appartient à une procédure de monstration, d'ostension, par l'accrochage, la verticalité.

Une rubrique « La Rochejaquelein » est isolée, en regard de l'ensemble issu du château de Clisson à Boismé. Elle ne compte que 5 numéros (n° 83 à 87) et procède de la même organisation. Trois des six objets sont référencés « Musée de Cholet », un tableau alors récent (n° 85, Boutigny, 1900), un placard invitant à un service funèbre à la mémoire de Henri de La Rochejaquelein lors du transfert des cendres à Saint-Aubin-de-Baubigné et un moule à pipe à l'effigie du même s'approchant des pièces d'un autre pourvoyeur à l'exposition. En effet, le comte de Villoutreys présente ici, au n° 84, une pipe à l'effigie de La Rochejaquelein, situation extraite de ses objets appartenant au registre autonome « Comte de Villoutreys » et entrant en écho avec deux pipes à l'effigie de Charette (n° 23 et 24) lui appartenant aussi. L'anecdote, la petite fortune politique ou la prolongation de cet ordre résident dans peu d'objets exposés, une gravure de monument et des pipes à l'effigie de Charette. En revanche la série intitulée « Comte de Villoutreys » (n° 480 à 588) est dominée

8 Olivier Christin, *Les yeux pour le croire. Les Dix Commandements en images (XVe-XVIIe siècles)*, Paris, Seuil, 2003.

par les pièces secondaires, portraits, gravures, lithographie dont la profusion vient dérouler le récit par l'imagerie, organisation typologique et thématique de visualisation événementielle par les situations ou les protagonistes centraux, prétexte possible d'une érudition déployée.

## *La distribution des autres chefs vendéens : une vision biographique des guerres de Vendée*

La même procédure habite les rubriques « D'Elbée » (n° 37 à 44), « Bonchamps » (n° 45 à 53), « Cathelineau » (n° 54 à 67), « Stofflet » (n° 68 à 82), « La Rochejacquelein » (n° 83 à 87), « Quiberon-Émigrés » (n° 209 à 219), « Chouannerie-Georges Cadoudal » (n° 220 à 231), voire « Autres chefs vendéens », cette dernière procédant d'une accumulation disparate, d'une bric-à-bracomanie, sinon « Objets divers (n° 111 à 208 et n° 232 à 240). Les mêmes dispositifs occupent des petites séries exposées, lettres autographes, comme chez Stofflet, mais deux pièces sont validées, activées par le micro-récit qui accompagne la notice. Ainsi, au n° 68 : « Chapeau de Stofflet donné à la famille de Savignac des Roches en 1814 par Jean Aubry qui fut le brosseur de Stofflet de 1794 à 1796 et mourut en l'Hôtel de Savignac des Roches à Niort en 1835, après avoir servi comme cocher dans cette famille pendant 21 ans – Ancienne collection du comte René de Monti de Rezé – Madame la Baronne Davillier » et au n° 70 : « Sacré-Cœur de Stofflet. Pris sur Stofflet au moment de son arrestation. Légende : le zèle du Seigneur vous dévore » (Musée Dobrée). Deux objets de piété proclamée appartiennent à la série « Cathelineau », au n° 54 : « Croix processionnelle de l'église du Pin-en-Mauges qu'emporta Cathelineau quand il prit la tête de gens de la paroisse (XVI^e^ siècle) – Colonel d'Hattecourt » et au n° 61 : « Croix reliquaire que portait Cathelineau à sa boutonnière, figure dans le portrait peint par Girodet – Non renseigné » et une pièce de foi intime, au n° 60 : « Chapelet de Cathelineau – M. Victor Esseul »[9]. Enfin, à la rubrique « Bonchamps », n'étaient deux montres et un pistolet, deux objets non collectionnés, par conséquent seulement conservés, complètent la collection de récits, secrétée par les objets ainsi justifiés et incorporés à la concaténation événementielle par ceux-ci : au n° 46 : « Drapeau de Bonchamps (Division de Montfaucon) taillé dans la robe de Madame de Lescure » et au n° 51 : « Ciboire que prit M. Courgeau, curé de la Chapelle-Saint-Florent pour communier Bonchamps mourant. Le curé

[9] Voir dossier documentaire – Notice « Cathelineau ».

de Chaudron, M. Pionneau, porta cette custode sur lui pendant toute la guerre ; il la confia à M. Courgeau, curé de Bonchamps pour qu'il communia son paroissien – Église de Chaudron ».

## La collection, un site désormais mémorable par injonction

### *Le haut lieu collection*

La question de la « collection » des Guerres de Vendée prend alors deux directions, celle de la narration par l'image diffusée et accumulée et celle de la célébration par la procédure liturgique de l'ostension des pièces et reliques conservées en premier lieu dans le lignage, dans cet *oikos* mémoriel. Ainsi, le dispositif Villoutreys n'atteint pas la précision, la proximité événementielle par le truchement de la relique, du vestige, du relief, entrant dans la survie par le récit, au sens où la survie est ce surcroît de vie, de ce et de ceux qui vivent plus que les autres. Les objets présents accrochés à l'instant de l'ultime et à la relation dramatique de cette temporalité sortent de l'intime (les vêtements, des objets quotidiens) pour passer à l'extime. Le vêtement, la tache de sang, les salissures de la vie de camp, de la bataille, autant de traces du dégoût, de la répulsion devenues preuves par l'impact, la trace pour peu que le récit cohérent et la provenance les rendent vraisemblables sont l'objet de la collection au sens de l'agglomération de pièces de conviction. L'indifférence visuelle fait la viduité, le vêtement est vide et veuf du corps qui l'a habité et abandonné tragiquement, situation analogue à celle du pèlerinage sur les hauts lieux. En effet, le haut lieu sait opérer aussi par homophonie, le haut lieu prenant la place de l'événement, « au lieu de » en quelque sorte. Désormais l'événement gît là où il n'y avait plus d'événement, au bord du gouffre de l'indifférence visuelle. Ce haut lieu où il ne se passe plus rien introduit du trouble. La collection devient consubstantielle du haut lieu d'un événement épuisé. La collection n'est plus qu'un corps-mort, à l'abondement tari, mais sert de mouillage à une collection de récits identificateurs par l'interaction de son histoire et celle de ses constituants. Elle est génitrice d'une géographie collective vécue par le truchement des objets.

La continuité d'une collection s'exerce par référence à un lieu et à un collectionneur. Le haut lieu pose la question de la limite, de ses dimensions, de son organisation. Par où aborde-t-on le haut lieu qu'est la collection ? La collection rendue visitable pour les élus ou initiés, la collection révélée par l'exposition exerce un pouvoir, ou bénéficie du pouvoir d'élection du haut lieu public. Dans le cas de la collection, l'action est arrêtée délibérément par la soustraction au système utilitaire ou marchand propre à chaque objet. Elle est dès lors la visualité de ce qui a eu lieu, par l'histoire interne et externe de chaque objet et de cet objet abstrait qu'est la collection. La collection est le haut lieu de la pratique attestée par l'accumulation des objets. Un renversement s'opère dans la mise en situation de la collection comme haut lieu dont la polysémie enferme son système de contradiction. Mais l'objet collectionné n'est lui-même que fragment du temps dont il est extrait par la procédure du collectionneur. Comme l'inconnu domine le connu, la curiosité tend jusqu'à la révélation irréversible espérée du haut lieu du savoir ou de l'expérience esthétique.

Le haut lieu collection appelle le mystère et son ambivalence par la somme des hypothèses qu'il propose. Le haut lieu collection est un univers diégétique, à la fois récit et le contenu d'un récit, parce que le spectateur est sollicité par ce qu'il appréhende. L'objet-collection et chaque objet de la collection qu'on lui montre garde une part mystérieuse comme le voile, le nuage, le halo dans les paysages romantiques. L'œil de l'esprit voit ce que l'œil organique ne sait voir. La fonction de la présentation de la collection fait le passage depuis le visible des objets jusqu'à l'invisible de sa forme épique. Sans le récit édifiant, l'objet de la collection n'est pas activé. Le récit du collectionneur, à commencer par l'indication du catalogue éventuel ou du cartel, met en œuvre l'idée même de collection. Elle se nourrit de la double histoire de chaque objet (interne et externe) et produit sa propre double histoire, soit en continu s'il n'y a pas eu d'aliénation, soit par le collage de fragments, par le truchement de chaque objet une fois remis en circulation.

## *La classification/discrétisation des rubriques de catalogue et la mise évidence des typologies collectionnées : l'exemple des objets religieux*[10]

La profusion le doit à l'opportunité procurée par les biens transmis, disponibles, sortis de leur propre dispositif s'il existe et du récit associé motivant le prêt génitivé éventuellement par la mention « collection de »

---

10 Dans la rubrique « Objets prêtés par la Ville de Nantes », le n° 434 correspond à la « Peau d'un soldat républicain tombé le 29 juin 1793, lors de l'attaque de Nantes par les Vendéens. Ce soldat avait demandé que sa peau fût tannée pour en faire des

et le plus souvent par la seule mention du détenteur ou du couple de détenteurs. On ne sait si l'intention fait l'encollectionnement plutôt que l'opportunité. Des registres d'interprétation, outre les catégories d'objets se dégagent et participent de façon explicite à la construction mémorielle à la posture de monstration sans que celle-ci le soit vraiment.

Onze pièces exposées appartiennent directement au registre spirituel et liturgique consubstantiel des guerres de Vendée. Les objets du culte, crucifix, calices, patènes appartiennent à un registre fréquent d'objets mobiliers dissimulés, transmis et réceptionnaires d'un discours invérifiable. Sept numéros correspondent à des objets du culte associés à la clandestinité (n° 141, 145, 148) ou portant mention du contexte de la Terreur ou la Révolution au sens plus large (n° 111, 141, 145, 148, 170).

La sélection, non exhaustive, d'objets à fonction religieuse, voire liturgique, dans le catalogue de l'exposition nantaise de 1935, apporte la nécessité de l'administration de la preuve par le récit circonstanciel. Quatre registres disent les conditions et circonstances d'usage et font les prétextes à conservation et transmission, à condition que le discours continue d'accompagner la pièce. L'objet est défonctionnalisé, il n'est pas mentionné d'usage ultérieur de ces calices, patènes, leur fonction est figée dans le temps de l'expérience extrême devenue ultime. La dissimulation accompagne trois de ces pièces (Une boîte d'horloge au n° 119 ; la commode du n° 140 ; l'arbre creux pour une navette à encens au n° 145). Ce type de cache est repris dans l'histoire de l'abbé Chapelain, vicaire de Saint-Hilaire-de-Mortagne réputé caché dans un arbre creux, aux Épesses, et dont il ne devait sortir que pour l'office clandestin et nocturne. Il fut découvert, semble-t-il par les Bleus en janvier ou février 1794, au sortir de son refuge et exécuté. Cette scène est reprise par le verrier Roger Degas (1899-1981) sur un vitrail de l'église de Saint-Hilaire-de-Mortagne (entrée, côté sud). La clandestinité cultuelle est convenue par un Christ en bois (n° 148) à l'instar du matériel liturgique du numéro 141. Les objets détériorés (n° 170, 205, 232) sont anthropomorphisés par la relation des effets de la dégradation. Il ne s'agit plus de destruction mais de mutilation (n° 170, 205), accompagnée de traces de feu et de recollection au n° 232 de fragments de croix, d'autel et d'ornements liturgique dans un reliquaire cruciforme. Le reliquaire agit ici sur plusieurs registres. Le registre profane quant aux conditions de la détérioration et à l'évocation de ce temps de

---

tambours », Jean-Clément Martin, *Un détail inutile ? Le dossier des peaux tannées. Vendée, 1794*, Paris, Vendémiaire, 2013.

violence voulue métonymique à l'endroit des destructeurs désignés, le registre de la vénération tant pour leur évocation fonctionnelle que pour l'hypothèse du pèlerinage, la monstration sans que l'on sache s'il y a eu procession.

Deux objets du mobilier meublant dont l'un sans fonction liturgique détournée apparente (n° 121) et l'autre à la fonction affectée portent le récit de la destruction, validée par le merveilleux ou la preuve par l'état. Il reste au lecteur du catalogue et au « regardeur » à manifester sa foi et à la trace et à la relation qui lui est faite pour croire de ses yeux ce qu'il voit, l'état de l'objet servant d'*exemplum*, de motif visuel nourrissant l'entreprise de persuasion, d'inculcation, d'imprégnation de la preuve par l'objet.

Le n° 140 est le prétexte d'une scénographie associant le meuble, un objet de dévotion individuelle et le récit développé probablement par l'héritier lignager de ces deux pièces :

> Commode Louis XV ayant servi d'autel, d'avril 1792 à mars 1794, dans le sous-sol de la Vrillère en La Chapelle-Basse-Mer. Dans cette gentilhommière habitée alors par Françoise Riolant, seize prêtres au moins réfugiés temporairement dans la chapelle improvisée purent célébrer la messe nuitamment ; il arriva que dix messes fussent ainsi dites dans la même nuit. En mars 1794, à l'arrivée de la colonne infernale de Cordelier, la Chapelle fut bourrée de foin et de paille ; quand les Bleus arrivèrent, ils mirent le feu, mais les flammes s'éteignirent faute d'air et la commode qui avait servi d'autel fut plus tard retrouvée intacte. Au pied de la commode légèrement brûlée, le livre de prières que prenait Françoise Rioland pour répondre la messe. – Docteur Bécigneul, arrière-petit-fils de Françoise Rioland.

Les traces d'incendie attestent ce qui est affirmé et le dispositif instruit une mise en scène de l'ordre de l'iconographie religieuse, associant le livre de prières de celle qui avait caché 16 prêtres à la commode détournée de son usage profane pour un usage liturgique clandestin dans le contexte de la guerre.

> La qualité et la richesse des souvenirs, armes, drapeaux, affiches, documents, apportés malgré les difficultés actuelles à l'exposition présentée aujourd'hui, peut nous offrir un utile enseignement. Leur répartition sur les panneaux et dans les vitrines comme sur les pages du catalogue a été tentée dans l'ordre chronologique afin de mieux marquer l'enchaînement des faits. Qu'au contact de ceux que Napoléon admirait, qu'il a surnommés « Les Géants », chacun puisse retrouver la notion pure de valeurs réelles que nous indique

> le Maréchal Pétain : Famille, Travail, Patrie ; qu'il y recueille l'exemple des qualités vendéennes : Piété, Discipline, Courage, Fidélité – Charles Arnault – Conservateur du Musée.[11]

L'exposition choletaise de 1943, pour le cent-cinquantenaire de l'Insurrection alors que 1789 n'a pu être célébrée, reprit le même type de pièces avec une organisation chronologique, croisant les entrées monographiques célébrant les chefs vendéens et des épisodes de batailles ou des séquences des guerres de Vendée. Le catalogue de 1967, « Nantes et la Vendée militaire », annonce 829 notices réparties selon une typologie muséale et non une narration organisée autour de figures et d'événements. Onze rubriques rassemblent les 829 numéros : « Les guerres de Vendée » (n° 1 à 134), « Le soulèvement » (n° 135 à 312) autour des figures vendéennes et républicaines, les « Affiches » (n° 313 à 356), des « Documents d'archives » (n° 357 à 473), des médailles et billets (n° 474 à 499), des matrices de sceaux (n° 500 à 533), des armes (n° 534 à 558), des faïences à emblèmes patriotiques (n° 559 à 585). L'exposition ouvre ici un autre registre avec la « Visite de l'empereur Napoléon I$^{er}$ à Nantes » (n° 586 à 209) comptant sa part de reliques. Ce sujet est suivi de la division consacrée à « Pierre-Jacques-Étienne Cambronne » (n° 610 à 653). L'Empire est donc convoqué par un événement nantais et une figure nantaise. La division consacrée à la Restauration réintroduit la situation vendéenne au travers des deux tentatives de 1815 et 1832 et par conséquent de la duchesse de Berry (n° 654 à 859).

Des collections ou supposées telles repérables, aucun dispositif de monstration, d'organisation à domicile n'est connu. Par ailleurs, la validation de l'appellation collection est aussi difficile à établir dès lors que la pratique n'est pas établie. Les expositions, si le système de la collection est perceptible et les transferts de la sphère privée à la sphère publique, ou les mutations par héritage ou ventes révèlent seuls de telles œuvres. Or, dans les deux musées consultés, le musée Dobrée à Nantes et le Musée de Cholet, des pièces ont pu être apportées, léguées, prêtées mais il n'est pas de collection consacrée aux guerres de Vendée et au chambortisme à ce point isolable. Une part importante de la collection de Raoul de Rochebrune (1849-1924), construite à partir de celle de son père Octave de Rochebrune (1824-1900) léguée au musée Dobrée

---

11 Société des Sciences, Lettres et Beaux-Arts de Cholet et de sa région – « Exposition des souvenirs du soulèvement vendéens, Blancs et bleus (1793-1832) », Musée de Cholet, mars-avril 1943.

à son trépas contenait des objets vendéens et le dispositif dans la maison du collectionneur prétendait avoir incorporé des pièces immobilières par destination à la structure de l'habitation, comme des portes dites de Chambord.

Ainsi, les six expositions majeures, dans l'aire, de 1896 à 1983, doublées des expositions des grands magasins Decré à Nantes (1961, 1962, 1963) parce que l'un des directeurs, Jean Lauprêtre préside le « Souvenir vendéen », d'autres manifestations en 1963 en Normandie à Douvres-la-Délivrande, à Noirmoutier en 1976, à La Roche-sur-Yon en 1977, participent de la perpétuation entretenue d'un récit édifiant, sans compter les manifestations dans des demeures associées au soulèvement, comme à La Chabotterie, alors que le musée de Cholet, installé dans l'hôtel de ville jusqu'en 1993, présente de façon pérenne des pièces des guerres de Vendée et les portraits de Saint-Cloud depuis 1914. L'acmé de telles situations publiques passe par les souvenirs en tant qu'objets liés aux personnes héroïsées ou prétextes aux expositions. Ainsi le musée Dobrée conserve-t-il des escarpins, des gants, des jarretières, des pantoufles entre autres « ayant appartenu » à la duchesse de Berry, une paire de souliers du duc de Bordeaux, ou encore en 1977, « un fragment de papier de la chambre où la duchesse de Berry a été arrêtée à Nantes », « Un fragment de la robe portée par la duchesse de Berry dans sa cachette ». Mais, l'inventaire de 1903 signale, dans la salle Fortuné Parenteau, des « Pièces d'orfèvrerie, bijoux, bibelots politiques qui forment le fond de la collection donnée en 1882 par Fortuné Parenteau » correspondant à la vitrine 63 « Guerres de Vendée » (n° 653 à 730) et la vitrine 64 « Révolution » (n° 731 à 791)[12].

La procédure discursive du catalogue du musée façonne l'objet mais on ignore si le dispositif d'exposition reportait cette narration justificative. Le musée a rapporté à lui des objets de la Contre-Révolution mais les tenants de celle-ci resserrent aussi des pièces révolutionnaires comme captives pour soutenir le discours de l'accusation contre-révolutionnaire :

---

12 Pitre De Lisle Du Dreneuc, abbé Georges Durville, Paul Soullard, *Catalogue du Musée Archéologique de Nantes*. Troisième édition, Nantes, imprimerie Moderne, Jubien et Bauchet frères, 1903, 376 p. Fortuné Parenteau (1814-1882), Vendéen, conservateur du musée Dobrée de 1859 à 1892 fut avant tout un archéologue-collectionneur mais des pièces des guerres de Vendée, de l'ordre du souvenir, restent repérables dans ses carnets.

Vitrine 63 « Guerres de Vendée »

666- Sacré-cœur de Stofflet en étoffe blanche posée au drap noir, avec broderies en soie de couleurs. Dans le champ, le Christ en croix, avec 2 sacrés cœurs enflammés brodés en soie rouge. Légende : le zèle du seigneur vous dévore. Au-dessus, ruban en soie blanche pour suspension. Ce cœur brodé est celui que portait Stofflet le jour où il fut arrêté par les républicains. Il m'a été donné par A. Dupuy-Vaillant, substitut du procureur général de la Cour d'Appel de Poitiers, qui l'avait lui-même reçu de M. Alain Targé, alors procureur général de ladite cour ; ce dernier l'avait recueilli à Angers en 1847. Benjamin Fillon, Nantes, mars, 1876.

Vitrine 64 « Révolution »

789- Plaque de fer servant de judas à une porte de la maison de Carrier à Nantes. Les lettres HF et le chiffre 298 sont découpés à jour. Pendant la plus grande partie de son séjour à Nantes, Carrier habita une petite maison située dans le faubourg de Richebourg. Cette habitation, avec petit jardin et pièce d'eau, devait être une maison de plaisance au XVIIIe siècle. La rue de Richebourg où elle est située a été coupée par le prolongement du Jardin des Plantes. Elle se trouve maintenant rue d'Allanville, à l'entrée sur la main droite au n° 51. Elle a subi depuis d'assez grandes modifications. Il y a quelques années elle avait encore un aspect de *petite maison* [sic], comme les viveurs du XVIIIe siècle en ont beaucoup semé dans les faubourgs de Nantes. Sous la Terreur, Carrier en avait fait son repaire. À côté, se trouvait un poste, placé là pour rassurer un fonctionnaire trop zélé.

[Note de l'abbé Dominique accompagnant la plaque] : « Je soussigné, certifie que la plaque de fer encadrée ci-contre provient de la maison de Carrier à Richebourg. Elle m'a été donnée au moment de la restauration de cette maison par le propriétaire actuel, M. Baptiste Albert, traiteur, Haute Grand'Rue, à Nantes, en même temps que des torches en cire longue d'un mètre et réunies par faisceaux. Ces torches, en partie brûlées, avaient dû servir à éclairer les orgies nocturnes du Proconsul et, sans doute aussi, les noyades ordonnées par lui ». L'abbé Dominique, membre de la Société archéologique, Nantes, le 30 juillet 1884. Don, après 1902.[13]

Aussi, le collectionnisme hypothétique des Guerres de Vendée doit-il être pris avec la précaution d'usage. N'est collection que ce qui procède d'une organisation esthétique et monstrative alors que le terme reste une convention d'usage pour la seule détention d'un groupe d'objets. Les temps de révélation de la pratique ou de possession d'objets participant de la contre-révolution restent les legs aux institutions muséales ou les

---

13 Une indication bibliographique accompagne la notice : Alfred Lallié, *Bulletin de la Jeunesse Royaliste de Nantes*, 1897, 4e année, p. 16 et 19.

expositions. Dans ce dernier cas, il faut pouvoir les mettre en miroir de ce qui procède du déploiement contre-révolutionnaire par la reconstruction d'églises, la diffusion de l'imagerie par les vitraux, la construction de tombeaux ou de chapelle (Les La Rochejaquelein à Saint-Aubin-de-Baubigné, la statue de Henri de La Rochejaquelein par Falguières, dans un enclos privé, inaugurée en 1895).

## Annexes

### 1. Exposition de Nantes (1935). Les objets « Collection du château de Clisson, Boismé (Deux-Sèvres) »

| Numéros au catalogue | Désignation au catalogue |
|---|---|
| 459 | Mouchoir que portait sur la tête, Henri de La Rochejacquelein, chiffre brodé avec les cheveux de la Marquise de La Rochejacquelein |
| 460 | Lettre de la Marquise de La Rochejacquelein authentifiant le mouchoir de son beau-frère |
| 461 | Autographe d'Henri de La Rochejacquelein |
| 462 | Autographe d'Henri de La Rochejacquelein |
| 463 | Sabre de Lescure |
| 464 | Coiffe que portait la Marquise de Lescure quand elle se cachait à Prinquiau |
| 465 | Alliance de la Marquise de La Rochejacquelein |
| 466 | Manuscrit autographe des Mémoires de la Marquise de La Rochejacquelein |
| 467<br>468 | Deux assiettes d'étain sur lesquelles fut gravé l'acte de baptême de Joséphine, Anne-Marie, Perrine, Cyprienne et Louise Marie, Laurence, Dieudonné de Lescure nées à Prinquiau le 20 avril 1794 du légitime mariage de feu Louis-Marie, Marquis de Lescure et de Marie-Louise Victoire de Donnissant son épouse |
| 469 | Montre que portait Louis de La Rochejacquelein quand il fut tué au combat des Mathes, 3 juin 1815 |
| 470 | Manuscrit des Mémoires de Madame de Donnissant |
| 471 | Lettre autographe de Lescure à Mademoiselle de Donnissant sa fiancée |
| 472 | Épée portée par la comtesse de La Rochejacquelein en 1832 |
| 473 | Dague de chasse de la comtesse de La Rochejacquelein |

| Numéros au catalogue | Désignation au catalogue |
|---|---|
| 474 | Épée d'homme offerte par les officiers prussiens à un La Rochejacquelein |
| 475 | Pistolets d'honneur offerts par la colonie française de Buenos Aires |
| 476 et 477 | Deux bons vendéens |
| 478 | Bon de ravitaillement signé Groleau 1794 |
| 479 | Page d'écriture de Mgr le Duc de Bordeaux, adressée à Madame la Marquise de la Rochejacquelein |

## 2. Exposition de Nantes (1935). Les objets « Collection Comte de Villoutreys »

| Numéros au catalogue | Désignation au catalogue |
|---|---|
| 480 | Portrait de Lescure (Litho) |
| 481 | Portrait de Charette (Gravure en couleur avec charrette en remorque) |
| 482 | Portrait de Charette (Crayon de Drake) |
| 483 | Portrait de Charette (avec chapeau) |
| 484 | Portrait de Bonchamps (dessin de Drake) |
| 485 | Portrait de Couthon, soldat vendéen |
| 486 | Exécution de Charette (eau-forte allemande) |
| 487 | Portrait d'Autichamp (Litho de La Salle) |
| 488 | Portrait de Cadoudal (gravure en couleur de Dumontier) |
| 489 | Portrait Le Maréchal-Ferrant de la Vendée (sic) |
| 490 | Barra (mort héroïque de) |
| 491 | Moulin (mort héroïque de) |
| 492 | Portrait de Cathelineau |
| 493 | Portrait de chef vendéen non identifié |
| 494 | Portrait de Marceau par Sergent |
| 495 | Portrait de Barras par Boissier |
| 496 | Arrestation de Cadoudal |
| 497 | Portrait de Gaston, général des armées vendéennes |
| 498 | Portrait de Barras par Garneray d'après Alix |
| 499 | Allégorie sur la famille de La Rochejacquelein (litho) |

| Numéros au catalogue | Désignation au catalogue |
|---|---|
| 500<br>à 511 | Douze portraits des chefs vendéens par Guérin et Girodet-Sévé dits à la fleur de lys |
| 512 | Portrait de Momoro |
| 513 | Portrait de S.A.R. la Duchesse de Berry. Légende : « ils se relèveront » |
| 514 | Portrait de S.A.R. la Duchesse de Berry d'après Lawrence gravure d'Alix de Garneray |
| 515 | Pacification de la Vendée (dessin de Girodet) |
| 516 | Jacques Gourdon de l'armée d'Elbée (Lettre de Francœur) |
| 517<br>et 518 | Mgr. de Hercé, évêque de Dol, aumônier du corps expéditionnaire de Quiberon (2 portraits) |
| 519 | Armand de La Rouerie |
| 520 | Bouvier-Desmortiers (gravure de Forestier) |
| 521 | Comte J. de Puisaye (litho) |
| 522 | Comte J. de Puisaye (gravure de Sergent) |
| 523 | La fille Béconnais voulant sauver son père (Rochefort-sur-Loire 10 Ventôse An III), gravure de Labrousse |
| 524 | Madame de Bonchamps, d'après un physionotrace |
| 525 | Georges Cadoudal, dit Larive, dit Masson (eau-forte en couleurs) à Paris chez Martinet |
| 526 | Georges Cadoudal (à Paris chez Basset) |
| 257 | Georges Cadoudal, représenté avec un revolver (*sic*) dans chaque main |
| 528 | Georges, fameux chef de brigands arrêté le 18 Ventôse An XI |
| 529 | Georges Cadoudal, dessiné par Denon, gravé par Perreau |
| 530 | Arrestation de Cadoudal, gravure allemande de Ragardas |
| 531 | Arrestation de Cadoudal, dit Larive, dit Masson, image populaire en couleur |
| 532 | Chaumière de la mère Cathelineau à Chaudron |
| 533 | La Vendée venant accoucher 200 000 gars |
| 534 | Dieu et le Roi, lithographie de Jacot |
| 535 | La messe en campagne, litho d'après le tableau de Le Blant, 1879 |
| 536 | Henri de La Rochejacquelein gravure d'après le tableau de Le Blant, 1879 |
| 537 | Vue du château de La Durbelière où sont nés Louis et Henri de La Rochejacquelein |

| Numéros au catalogue | Désignation au catalogue |
|---|---|
| 538 | Masque de Charette phototype |
| 539 | Général Dumas (gravure de Bouyer) |
| 540 | Trait de bravoure du jeune Arudder (eau-forte) |
| 541 | Goupilleau de Montaigu (gravure de Royer) |
| 542 | Haudoudine « J'ai donné ma parole, la vie de 600 de mes frères en dépend, je paie » 12 mai 1793 |
| 543 | Général Hédouville |
| 544 | Hoche, An VI (gravure de Ruaffé) |
| 545 | Kléber à cheval, image populaire |
| 546 | Impéritie du général Léchelle, déroute de Laval |
| 547 | René Rabeau : « Me voilà commandant, vite un fusil que je retourne venger la mort de mes camarades » |
| 548 | Santerre à cheval (gravure allemande) |
| 549 | Prise du Pont-Fouchard à Saumur, litho (souvenir des Armées Françaises) |
| 550 | Sauveur, receveur des finances, fusillé par les Chouans à La Roche-Bernard mars 1793 |
| 551 | Turreau, gravure de Stagnon |
| 552 | Westermann, gravure de Perreau |
| 553 | Général Aubert Dubayet, gravure de Gaulier d'après Boilly |
| 554 à 560 | Sept petites estampes consacrées à Barras |
| 561 | Barra, gravure d'Angélique Briceau, femme Allais |
| 562 | Joseph Barra, gravure de Beauvallet |
| 563 | Berthier, gravure de J.O.B. |
| 564 | Carier (*sic*), eau-forte anonyme |
| 565 | Carrier pendant son jugement, gravé par Perreau, d'après Denon |
| 566 | Trait de courage héroïque, gravure de Thouvenin |
| 567 | Mort de Joseph Barra, construction image d'Épinal |
| 568 | Biron duc de Lauzun |
| 569 | Hoche gravure de Bock d'après Hilaire le Dru |
| 570 | Merlin de Thionville (Litho de Delpech) |
| 571 | Marie-Caroline en Vendée (Litho de Fourage) |
| 572 | Marie-Caroline en Petit Pierre (Litho) |

| Numéros au catalogue | Désignation au catalogue |
|---|---|
| 573 | Mathilde Lebeschu (Litho) |
| 574 | Comte de Ménard (Litho) |
| 575 | Achille Guibourg (Litho de Bazin) |
| 576 | Pauline de Guiny (Litho de Bazin) |
| 577 | Marie Stylite de Kersabiec (Litho) |
| 578 | Charlotte Moreau (Litho de Fonrouge) |
| 579 | Marie Bossy (Litho de Fonrouge) |
| 580 | Le Jeune Gars (Litho de Fonrouge) |
| 581 | Une femme (Litho de Fonrouge) |
| 582 | Mater Amabilis, Mater Savatoris (Litho de Lemercier) |
| 583 | S.A.R. en prison (Litho par Villain) |
| 584 | Embarquement de la Duchesse pour Blaye |
| 585 | Marquis de La Rochejacquelein |
| 586 | Monument de Cathelineau au Pin-en-Mauges (Litho) |
| 587 | Mort de Cathelineau 1833 (Litho de Fonrouge) |
| 588 | La Fille de Louis XVI arrive à Saint-Florent 1822 |

## 3. Approche comparative Charette/La Rochejaquelein

| Charette | Collection château de Clisson, Boismé |
|---|---|
| **Objets et figurations supplicielles** | |
| Porte devant laquelle Charette fut fusillé le 29 mars 1796 – 9 Germinal An IV | - |
| Vue de la porte et du mur devant lesquels Charette fut fusillé (Dessin de Perrin) | - |
| Gravure représentant de l'exécution de Charette | - |
| Charette marchant au supplice (gouache). | - |
| Exécution de Charette. Tableau de Le Blant | - |
| Écharpe faite de toile de Cholet, dans laquelle Charette tenait son bras blessé, le jour de son exécution ; tachée de sang | - |
| Masque de Charette moulé par Jean Cazanne, « plâtrier figuriste », rue Crébillon, le lendemain de l'exécution (Ancienne collection Bacque) | - |

| Charette | Collection château de Clisson, Boismé |
|---|---|
| Masque de Charrette […] | - |
| Masque de Charette. Surmoulage moderne du précédent. | - |
| Affiche annonçant la condamnation de Charette | - |
| Timbale de Mathurin Nicolas Buet, médecin aux Brouzils, qui soigna Charette pendant son séjour à La Rabatelière | |
| **Vêtements – Accessoires de parure** | |
| Mouchoir de Cholet qui servait de coiffure à Charette | Mouchoir que portait sur la tête, Henri de La Rochejaquelein, chiffre brodé avec les cheveux de la Marquise de La Rochejaquelein |
| Uniforme de Charette | Lettre de la Marquise de La Rochejaquelein authentifiant le mouchoir de son beau-frère |
| Uniforme de Charette | Coiffe que portait la Marquise de Lescure quand elle se cachait à Prinquiau |
| Culotte ayant appartenu à Charette. | - |
| Deux houseaux de Charette avec les éperons. Viennent de la famille de Ricouleau, compagnon de Charette | - |
| **Bijoux, objets de parure** | |
| Montre de Charette | Montre que portait Louis de La Rochejaquelein quand il fut tué au combat des Mathes, 3 juin 1815 |
| Croix de Saint-Louis de Charette [Voir dans les souvenirs de Hoche] | Alliance de la Marquise de La Rochejaquelein |
| Portefeuille de Charette | - |
| **Armes, armement, objets militaires** | |
| Sabre de Charette | Sabre de Lescure |
| Canon en fonte de fer ayant appartenu à l'Armée de Charette, caché dans les douves du château de Clairay (Vallet). Il fut retrouvé en 1815 et servit au combat de la Louée | Épée portée par la comtesse de La Rochejaquelein en 1832 |

| Charette | Collection château de Clisson, Boismé |
|---|---|
| Drapeau de Charette offert au général par les Dames de Legé | Dague de chasse de la comtesse de La Rochejaquelein |
| - | Épée d'homme offerte par les officiers prussiens à un La Rochejaquelein |
| - | Pistolets d'honneur offerts par la colonie française de Buenos Aires |
| **Mémoires de papier – Autographes** | |
| Autographe de Charette. Reconnaissance d'une dette de 25 louis empruntés à Madame de Monsorbier 1795 | Lettre autographe de Lescure à Mademoiselle de Donnissan sa fiancée |
| Lettre de Monmousseau à Ruelle au sujet du traité de la Jaunaie (février 1796) | Manuscrit autographe des Mémoires de la Marquise de La Rochejacquelein |
| Note manuscrite de Flamand, tailleur de Charette, contant ses entrevues avec le général, la veille et le jour de son exécution | Manuscrit des Mémoires de Madame de Donnissant |
| - | Page d'écriture de Mgr le Duc de Bordeaux, adressée à Madame la Marquise de la Rochejacquelein |
| - | Deux assiettes d'étain sur lesquelles fut gravé l'acte de baptême de Joséphine, Anne-Marie, Perrine, Cyprienne et Louise Marie, Laurence, Dieudonné de Lescure nées à Prinquiau le 20 avril 1794 du légitime mariage de feu Louis-Marie, Marquis de Lescure et de Marie-Louise Victoire de Donnissant son épouse |
| - | Autographe d'Henri de La Rochejacquelein |

| Charette | Collection château de Clisson, Boismé |
|---|---|
| **Portraits** | |
| Portrait de Charette dessiné dans sa prison deux heures avant son exécution (gravure anglaise). Remarquer la ligne du profil (angle naso-frontal et menton) parfaitement identique à celle du masque mortuaire. | - |
| Portrait de Charette à cheval. Image populaire de Royné. | - |
| Portrait de Charette. Pastel | - |
| Portrait de Charette dans le costume qu'il portait lors de son entrée à Nantes après le traité de La Jaunaie, 26 février 1795 (gouache) | - |
| Portrait de Charette, crayon anonyme | - |
| Portrait de Charette offert à M. Chevalier, curé de Saint-Lumine-de-Coutais pendant la Révolution, par Mlle de Charette | - |
| **Documentation historique – Objets documentaires** | |
| Imprimerie portative de l'Armée de Charette | Deux bons Vendéens |
| - | Bon de ravitaillement signé Groleau 1794 |
| **Objets politiques** | |
| Deux pipes à l'effigie de Charette. Restauration | - |
| Gravure représentant le Monument de Charette à Legé | - |

### 4. Tableau. Les objets religieux (sauf le n° 121)

| Numéros au catalogue | Notice au catalogue |
|---|---|
| **111** | Petite timbale d'argent ayant servi de calice pendant la Terreur (Paroisse de Crossac). Une main pieuse a gravé naïvement le Crucifix, la Vierge, une colombe et les armes de France. Inscription : Pierre Troiyereau – M. le Docteur Bécigneul |
| **119** | Fanion trouvé en Vendée dans une boîte d'horloge. Inscription : « Vive la religion catholique. Vive Louis XVII ». Revers : « Il est mort pour nous. 1793 » – Mesdemoiselles de Lisle du Dreneuc |

| Numéros au catalogue | Notice au catalogue |
|---|---|
| **121** | Bahut Renaissance provenant de la Galissonnière près de Monnières : défoncé par les Bleus à coups de crosse et de canons de fusil lors du sac qui suivit le combat livré par Bonchamps aux Mayençais : les traces des coups sont bien marquées sur le battant de gauche – Mesdemoiselles de Lisle du Dreneuc |
| **140** | Commode Louis XV ayant servi d'autel, d'avril 1792 à mars 1794, dans le sous-sol de la Vrillère en La Chapelle-Basse-Mer. Dans cette gentilhommière habitée alors par Françoise Riolant, seize prêtres au moins réfugiés temporairement dans la chapelle improvisée purent célébrer la messe nuitamment ; il arriva que dix messes fussent ainsi dites dans la même nuit. En mars 1794, à l'arrivée de la colonne infernale de Cordelier, la Chapelle fut bourrée de foin et de paille ; quand les Bleus arrivèrent, ils mirent le feu, mais les flammes s'éteignirent faute d'air et la commode qui avait servi d'autel fut plus tard retrouvée intacte. Au pied de la commode légèrement brûlée, le livre de prières que prenait Françoise Rioland pour répondre la messe. – Docteur Bécigneul, arrière-petit-fils de Françoise Rioland. |
| **141** | Objets du culte ayant servi dans une cachette de prêtre réfractaire pendant la Terreur. Pierre d'autel consacrée, calice, patène, burettes, missel, canon, ornements, chandeliers, linges d'autel – Madame Gautronneau (famille Allard) |
| **145** | Souvenirs de M. Chevalier, curé de Saint-Lumine-de-Coutais pendant la Révolution. Registre paroissial de Saint-Lumine-de-Coutais. Calice dont se servait M. Chevalier pendant la Terreur. Navette à encens dont se servait M. Chevalier, trouvée dans un arbre creux. – M. l'abbé Boutin, curé de Saint-Lumine-de-Coutais |
| **148** | Christ en bois sculpté par M. Orain. Objets ayant servi à M. Orain, curé de Fégréac, pour célébrer la messe, dans sa cachette, pendant la Terreur |
| **170** | Crucifix d'ivoire, XVIIe siècle. Mutilé et brûlé pendant la Révolution, trouvé avec d'autres objets du culte brisés, près du mur du cimetière de Liré – Docteur Thoby |
| **205** | Crucifix de la chapelle de la Rabatelière en Saint-Colombin. Mutilé par les Bleus au cours d'une perquisition – M. Jean de la Robrie |
| **232** | Restes de la croix de procession de La Roche-Bernard, brûlée en 1793 avec l'autel et les ornements, recueillis et conservés dans un reliquaire en forme de croix |

| **Catégorisation** | **Numéros au catalogue** |
| --- | --- |
| **Mention contextuelle : Terreur, Révolution, datation** | 111, 140, 141, 145, 148, |
| **Mention d'iconoclastie, de vandalisme, de destruction** | 121, 140, 170, 205, 232 |
| **Mention de dissimulation** | 119, 140, 145 |
| **Mention de clandestinité** | 140, 141, 148, 205 |

# Raymond Jeanvrot : une passion royaliste

Jacqueline du Pasquier

Je reprends le titre donné à un ouvrage en 2007 qui offrait une publication de larges extraits du journal de Raymond Jeanvrot (1884-1966)[1], dans lequel il s'affirmait comme un royaliste, passionné et sentimental avant toute chose, sans être véritablement un contre-révolutionnaire. C'est par là que je voudrais commencer. Jeanvrot n'était pas un historien et la politique ne l'intéressait pas. Une chose m'a frappée en lisant son journal : il connut les deux guerres mondiales et il en parle à peine, il vivait dans le passé.

La Révolution pour Jeanvrot, c'était d'abord la mort de Louis XVI. Il se rendait chaque année à Paris pour assister à la messe qui rappelait la mort du roi. Le 21 janvier représentait pour lui le « Vendredi saint de la monarchie », faisant ainsi écho à la déclaration fervente du philosophe chrétien et mystique, Pierre-Simon Ballanche, « inséparable camarade de route » de Chateaubriand. Jean-Christian Petitfils, dans le livre qu'il a consacré à Louis XVI, l'a rappelé, Ballanche eut cette phrase étonnante : « Le roi a racheté la France comme Jésus-Christ a racheté le genre humain[2]. »

Il y a également un autre fait important sur lequel il convient d'insister, parce qu'il a certainement orienté l'idéologie et les choix de Jeanvrot : il était né à Bordeaux, « la ville du 12 mars », la première ville de France, ne l'oublions pas, à se rallier en 1814 au retour des Bourbons.

Le 6 mars 1814, Wellington ayant dépêché une armée, sous les ordres du général Beresford, rejoint par le duc d'Angoulême, fils aîné du comte d'Artois et neveu de Louis XVIII, arrivent à Bordeaux le 12 mars, qui fut une journée de triomphe pour le royalisme. Le maire de Bordeaux était Jean-Baptiste Lynch, comte d'Empire. Ce qui ne l'empêcha pas de remplacer dans un beau geste symbolique son écharpe tricolore par une

---

1 Jacqueline du Pasquier, *Raymond Jeanvrot, une passion royaliste*, Paris, Somogy, 2007.

2 Jean-Christian Petitfils, *Louis XVI*, Paris, Perrin, 2015.

écharpe blanche, emblème de son ralliement à la cause royaliste et de remettre au duc d'Angoulême lui-même, et non aux Anglais, les clés de la ville, aujourd'hui conservées au musée des Arts décoratifs de Bordeaux. L'enthousiasme populaire, les cris de « Vive le roi », le *Te Deum* célébré dans la cathédrale par un vieil adversaire de l'empereur, Mgr d'Aviau, heureux de l'arrivée du duc d'Angoulême, firent de Bordeaux « la ville du 12 mars »[3].

La seconde Restauration fut célébrée avec la même ferveur. La froideur des Bordelais durant les Cent-Jours en avait fait « la ville fidèle », le nouveau préfet, le comte de Tournon écrit, le 30 juillet, à son ami Prosper de Barante : « L'exécration de Buonaparte n'est nulle part aussi vive ; elle est dans toutes les classes et les petites filles dansent dans les rues en chantant des chansons contre lui. » Et cet état d'esprit, c'est-à-dire le souvenir de la Restauration que l'on perçoit ici et là dans la ville – il y a encore à Bordeaux un quai Louis XVIII – et notamment dans le milieu bourgeois traditionaliste qui fut celui de Jeanvrot, élevé par sa grand-mère, était encore sensible à la fin du XIXe siècle et l'a certainement marqué.

J'ai eu le grand privilège non pas, hélas, de connaître Raymond Jeanvrot, mais d'installer sa collection, de l'étudier et de faire les fiches pour tous ses objets très nombreux qu'il avait réunis et qui devinrent « propriété de la Ville ». Lorsque Jeanvrot mourut le 6 mai 1966, la ville de Bordeaux entra en possession de sa collection complète. Elle est considérable et c'est Jacques Chaban-Delmas, alors maire de Bordeaux, qui fut le décideur de cette opération[4].

Un premier contrat de vente fut passé en 1958, entre le collectionneur et Bordeaux. 16 856 objets figuraient à l'inventaire de cette vente avec réserve d'usufruit. À partir de cette date, grâce à ce que lui versait la ville, Jeanvrot continua à acquérir des pièces qui s'élevaient au nombre de 1 724 à sa mort, en 1966, et qu'il légua à Bordeaux. Un total de 18 580 œuvres d'art et documents, ensemble prodigieux par son

---

3 Laurent Coste, « Bordeaux et la restauration des Bourbons », *Annales du Midi*, t. 105, 1993, p. 27-43 ; Philip Mansel, « De la révolution royaliste du 12 mars 1814 au duc de Bordeaux. Bordelais, Bourbons et Britanniques en 1814 », dans Emmanuel de Waresquiel (dir.), *Les Lys et la République*, Paris, Tallandier, 2015, p. 25-42.

4 *Fleurs de lys et bonnet phrygien. Raymond Jeanvrot et Jacques Calvet. Deux collectionneurs bordelais regardent la Révolution française*, Bordeaux, Association des conservateurs des musées d'Aquitaine, 1989.

importance et la place accordée à la royauté, qui devait être présenté dans un musée[5].

Il y eut des projets pour ce musée Jeanvrot lorsque le collectionneur était encore en vie mais aucun n'aboutit. Jeanvrot en conçut une amertume et une rancœur qui empoisonnèrent ses dernières années et dont on trouve un écho douloureux dans son journal. Et c'est seulement une vingtaine d'années après sa mort que sa collection, du moins les pièces les plus belles et les plus intéressantes, fut présentée au musée des Arts décoratifs. Ce que je n'avais pu présenter dans l'espace consacré à Jeanvrot se trouvait dans les réserves consultables, sorte de « musée bis », installées à l'arrière de l'hôtel de Lalande dans un ancien dépôt de préfecture. Mais récemment, l'actuel conservateur du musée a fait transporter dans un dépôt lointain tout ce qui se trouvait dans les réserves consultables, ainsi anéanties, pour y installer à la place un musée du Design…

Lorsque Jeanvrot était navré et excédé de l'administration municipale qu'il trouvait trop lente, trop négligente et trop indifférente à ses trésors, il décidait de punir la Ville en retirant de ce qui devait être son futur musée, les pièces les plus précieuses ou qui lui paraissaient les plus rares, pour les laisser à la Chambre de commerce ou aux Archives municipales et encore au château de Chantilly. Et c'est ainsi que deux magnifiques portraits en miniature de la duchesse de Berry, l'un de Duchesne de Gisors, l'autre de Hesse, rejoignirent la collection du duc d'Aumale.

Tous les objets, toutes les œuvres réunies par Jeanvrot sont d'une qualité forcément inégale, étant donné leur quantité mais très largement passionnants et instructifs sur la période de la Restauration. Ils sont de toutes sortes : tableaux, estampes, sculptures, miniatures, éventails, médailles, bijoux, mouchoirs, pendules, céramiques, veilleuses, brûle-parfums, cristallocérames, statuettes en terre cuite, porcelaine, verre, bronze ou régule… Et chacun de ces objets était accompagné d'un commentaire, bien précieux et indispensable pour l'établissement des fiches, rédigé de manière très personnelle, dans un style fleuri, à connotation émotionnelle très forte, volontiers déclamatoire et dithyrambique, tracé d'une grande écriture décorative et merveilleusement lisible – comme un raffinement suprême de courtoisie « Vieille France » –, écriture en tout point semblable à la silhouette aristocratique du collectionneur bordelais révélée par de nombreuses photos.

---

5 Le numéro d'inventaire des pièces vendues commence par 58, celui du legs par 66.

Raymond Jeanvrot, vivant dans les souvenirs et pour « ses rois », était un personnage très romanesque, ainsi il aimait à dire, et il le répéta en inaugurant une exposition sur la duchesse de Berry à Blaye : « Marie-Caroline m'a toujours protégé ». C'était en 1949 et c'est là que Chaban-Delmas rencontra Jeanvrot pour la première fois, conquis par tant d'érudition et de singulière folie royaliste : « Voila l'homme qu'il me faudrait pour les musées de Bordeaux ! »

On reste étonné de l'expression utilisée par Jeanvrot. Formule à caractère quasi religieux, il parlait de la duchesse de Berry, comme il aurait pu le faire de son saint patron, voire de la Vierge Marie. Et c'est dans une atmosphère presque mystique qu'il convient de replacer la personnalité de ce collectionneur « au visage d'ascète illuminé », tel que l'a décrit l'historien d'art italien, et lui-même grand collectionneur, Mario Praz, qui vint tout exprès à Bordeaux pour voir cette collection que l'on connaissait en Italie. À la suite de sa visite, Mario Praz écrivit un article intitulé *Diecimila Borboni*[6].

En raison de cette ferveur royaliste qui l'animait, la princesse Bibesco avait surnommé Raymond Jeanvrot, à qui elle avait rendu visite : « Monsieur de la Fleur de Lys ». Tout étranger à Bordeaux se devait, au cours de son séjour, de rencontrer Raymond Jeanvrot et de voir sa collection, entassée dans son petit appartement de la rue Jean-Jacques Rousseau, située au cœur de Bordeaux. Il fut une des personnalités les plus originales de cette époque, à Bordeaux, élu le 19 mai 1951 à l'Académie des Sciences, Belles-lettres et Arts de Bordeaux.

Jeanvrot lui-même, se décrivant dans son journal, note : « Mon cœur est si profondément romantique. » La mélancolie est l'autre trait caractéristique de cet homme singulier. Tout jeune, il a 26 ans, il raconte dans son journal, les longues stations qu'il fait dans les cimetières : « Je m'isole dans la solitude aimée des cimetières. » C'est quelqu'un qui vit intensément dans le passé qu'il aime d'un amour exclusif et fervent. Passé de sa ville et de sa famille d'abord, il conserva très pieusement tout ce qui lui venait de ses ancêtres ; ce qui explique que son « premier musée » est familial, comptant en 1922 500 portraits et miniatures de famille, et qu'il est un connaisseur averti d'un certain XIX^e^ siècle à Bordeaux. Au fil des ans, il abandonnera peu à peu cette première quête, remplacée par celle des Bourbons qui devint très vite exclusive.

---

6 *Il Tempo*, 28 novembre 1961.

Il entretint tout au long de sa vie une grande ferveur pour Louis XVI et Marie-Antoinette. Il y a dans sa collection une petite gravure de 15 cm de haut, représentant dans la prison du Temple, Louis XVI montrant au dauphin l'emplacement de l'Angleterre sur une mappemonde, la gravure est anonyme et porte en légende le quatrain suivant : « Du fond de son cachot l'infortuné Louis / peint de Charles I les malheurs à son fils / quel funeste présage ! Ô père trop sensible / voulois tu de tes jours tracer la fin pénible ? » Au revers de cette gravure, Jeanvrot a écrit, ce qu'il fit pour toutes les pièces de sa collection qu'il annotait de sa belle écriture lisible : « Ma première gravure achetée à la foire de Bordeaux, mars 1898, chez l'antiquaire de Rudelle pour la somme de 4 francs, j'étais âgé de 13 ans ! ».

Né dans la « ville du 12 mars », il s'intéressa plus particulièrement aux princes et souverains de la Restauration, avec une prédilection pour celui qu'une gravure bordelaise désigne comme « Nostré tant aymat Henricou », c'est-à-dire le duc de Bordeaux, le « prince bien-aimé » de Jeanvrot, « l'enfant du miracle », ainsi que l'a désigné Lamartine, appelé aussi « l'enfant de l'Europe », le fils posthume du duc de Berry, assassiné dans la nuit du 13 au 14 février 1820, Henri Dieudonné, né le 29 septembre, jour de la saint Michel[7].

Non loin de Bordeaux, à Grignols, au milieu d'un carrefour, se dresse une statue de saint Michel portant la date de 1820 ; hommage voilé mais précis pour ses partisans au duc de Bordeaux dont le titre, inhabituel et tout nouveau pour un dauphin de France, fut accordé par Louis XVIII à son petit-neveu, afin précisément d'exprimer sa reconnaissance à la fidélité bordelaise.

Lorsque Jeanvrot évoquait Louis XVIII, il disait « mon ami Louis XVIII ». Comme Don Quichotte, il avait élu très tôt l'objet de ses tendres pensées mais Dulcinée était incarnée pour lui en deux princesses. De Madame la Dauphine, duchesse d'Angoulême, la fille de Louis XVI et de Marie-Antoinette, Madame Royale, seule rescapée de la prison du Temple, Jeanvrot vénérait le courage, la prude et austère piété nourrie de tant de malheurs et de drames, puis de la morosité des exils répétés et d'une morne union avec son cousin germain, le duc d'Angoulême.

7 Andrew J. Counter, « La naissance du duc de Bordeaux ou la Restauration s'attendrit », *Romantisme*, n° 159, 2013, p. 109-122 ; Jacqueline du Pasquier, « Quelques souvenirs du duc de Bordeaux dans la ville du 12 mars », dans Emmanuel de Waresquiel (dir.), *Les Lys et la République*, *op. cit.*, p. 185-200.

L'autre élue de son cœur était Madame, la duchesse de Berry, Marie-Caroline, touchante veuve, incomparablement blonde, petite princesse napolitaine vive et remuante qui estropiait un peu le français en roulant les r et possédait les pieds les plus menus du monde. Jeanvrot ayant fait sien le verdict attendri de Louis XVIII : « En elle, rien n'est joli, tout est charmant » nourrissait pour cette princesse une admiration, légèrement scandalisée mais ravie devant ses foucades et ses coups de tête. Il s'émerveillait sans cesse, comme si elle vivait toujours, de sa grâce, comme de l'héroïsme nourri de Walter Scott, qu'elle avait déployé en Vendée, puis à Nantes et à Blaye[8].

Une fois pour toutes, Jeanvrot avait décidé de consacrer sa vie à cette quête de documents sur les derniers rois de France.

Quant à son journal, que Jeanvrot commença à l'âge de 14 ans, il fut déposé aux archives municipales de Bordeaux, exactement un an avant sa mort, et fut interdit de consultation pendant trente ans à dater de sa mort, pour des questions évidentes de discrétion car des jugements parfois sévères y sont portés sur ses contemporains, particulièrement bordelais.

Si j'évoque ce journal et si j'ai voulu qu'il soit publié, c'est qu'il livre le portrait d'un collectionneur en chercheur opiniâtre, en voyageur infatigable. Jeanvrot parcourut sa vie durant les routes de France, d'Italie et d'Autriche, à la recherche de souvenirs sur cette famille des Bourbons qu'il vénérait plus que tout au monde, refaisant chaque année tant que sa santé le lui permit, et dans des conditions généralement très inconfortables, parce qu'il manquait d'argent, une série de pèlerinages : Rome, Parme, Naples mais aussi Brunsee, en Autriche, où vécut et mourut en 1870 la duchesse de Berry ; Frohsdorf, aux portes de Vienne, lieu d'exil du comte de Chambord, où moururent la duchesse d'Angoulême et 1851 et le comte de Chambord, en 1883 ; Gorizia, où était mort Charles X en 1836 ; Castagnavizza enfin, le « Saint-Denis des derniers rois de France » où, dans la crypte, reposent côte à côte Charles X, le duc et la duchesse d'Angoulême, le comte et la comtesse de Chambord et, un peu plus bas, aux pieds de ses princes, le fidèle Blacas.

Le dernier voyage de Jeanvrot à Brunnsee eut lieu en novembre 1963 ; il relate dans son journal à ce propos, sa rencontre avec la comtesse Wurmbrand et son fils de 14 ans, qui vivaient dans ce qu'il reste du château

---

8 Jacqueline du Pasquier, « Raymond Jeanvrot et Marie-Caroline », dans Hildegard Kremers (dir.), *Marie-Caroline de Berry. Naples, Paris, Graz, itinéraire d'une princesse romantique*, Paris, Somogy, 2002.

de Frohsdorf. En 1965, un an avant sa mort, Jeanvrot eut le bonheur de recevoir la comtesse Wurmbrand dans son appartement bordelais et elle eut cette phrase qui lui alla droit au cœur : « C'est un petit Frohsdorf ! »[9].

Jeanvrot a maintes fois écrit dans son journal à propos des reliques qu'il rapportait de ces pèlerinages – quelquefois un peu de terre ou une pierre – l'émotion qui l'étreignait sur ces lieux, si éloquents pour lui. Il connaissait ou était en relation avec tous les descendants des serviteurs et amis de ses princes et il aimait inlassablement évoquer leur grandeur passée.

Retrouver des témoignages, objets ou images, signifiait qu'il fallait entrer en leur possession, Jeanvrot écrit en parlant de lui-même « ma soif de possession tient de la folie » et encore « je ne pense jamais aux objets que j'ai, mais toujours à ceux que je n'ai pas » ! Possession parfois difficile à réaliser car Jeanvrot n'était pas riche et il lui arriva de se heurter à des rivaux plus fortunés ou plus rapides à saisir les occasions. C'étaient alors des propositions d'échanges, des tractations, des prières réitérées pour obtenir tel objet convoité. Ces attentes palpitantes ou tenaces furent les émotions de sa vie. Quand il convoitait un objet, Jeanvrot perdait tout sens critique et recueillait comme paroles d'évangile les attributions parfois aventureuses des marchands, parmi lesquels il s'était créé un véritable « réseau ». Dire qu'il vécut par et pour sa collection peut être rigoureusement pris au pied de la lettre.

Telle qu'elle est, cette collection est unique par la passion et les sentiments qu'on y sent attachés et par le nombre des témoignages réunis. Jeanvrot avait une formule assez humble en définitive pour la qualifier : « Ma collection vaut par la quantité. » En effet, parmi les presque 20 000 objets inscrits à l'inventaire, il existe des pièces surprenantes, curieuses et rares, mais il n'y a pas véritablement de chefs-d'œuvre ou si peu, il faut le reconnaître. Beaucoup de gravures, de reproductions et de répliques, car lorsqu'il ne pouvait posséder une œuvre, il la faisait copier. La princesse Massimo, descendante directe de la duchesse de Berry, fit pour lui des aquarelles de tous les portraits de la duchesse de Berry, qui vinrent s'ajouter à sa collection : « pour mémoire », « ersatz » de ce qu'il ne pourrait jamais obtenir. Les copies étaient parfois très médiocres mais leur intérêt était certain pour l'histoire et l'histoire de l'art. Il emprunta ainsi à la baronne

---

9 La comtesse Wurmbrand, comme la princesse Massimo, citée un peu plus loin, étaient des descendantes directes de la duchesse de Berry, devenue comtesse Lucchesi Palli.

Davilliers, née Monti de Rézé, une miniature de la duchesse de Berry à l'âge de 12 ans par Anatole Suche : « Je la fais reproduire avec amour », écrit-il avec emphase dans son journal mais en dépit de tout son amour, la reproduction est des plus médiocres[10]. Si Jeanvrot confia à son journal l'histoire des copies, il ne la racontait pas forcément en présentant sa collection à ses visiteurs admiratifs, coquetterie bien excusable.

Jeanvrot était un homme intelligent et cultivé mais, curieusement, il n'avait le goût ni de l'étude ni de la recherche, même pour les objets et les peintures qui l'intéressaient le plus. De l'histoire, il ne retenait que les anecdotes qu'il accommodait avec lyrisme et émotion, dans ses écrits comme dans sa conversation. Le jeune comte de Clermont, Henri de France, le fils du comte de Paris, au temps de ses études à Bordeaux, l'appelait son « professeur de petite histoire ». Il était, et c'est sans doute là l'autre composante de sa singulière personnalité, un homme de salon, un mondain au meilleur sens du terme, et un causeur et, de l'avis de tous ceux qui l'ont connu et écouté, il était un brillant et un captivant conteur.

À côté de Raymond Jeanvrot, il faut citer un autre adepte de la légitimité, Henry Bauquier, qui est l'exemple même des relations ambiguës que Jeanvrot entretenait avec d'autres collectionneurs partageant sa passion. Bauquier, érudit conservateur du musée archéologique de Nîmes et fondateur du merveilleux musée du Vieux Nîmes était lui aussi un admirateur fervent d'Henri V et de la duchesse de Berry, auteur aussi d'ouvrages très savants[11]. Jeanvrot allait souvent le voir et nourrissait à son endroit des sentiments partagés entre estime et plaisir de la rencontre avec un authentique interlocuteur mais jalousie aussi vis-à-vis d'une collection dont il convoitait évidemment de nombreuses pièces. Henry Bauquier mourut en 1962 et à cette date, Jeanvrot note mélancoliquement dans son journal : « Sa mort me plonge dans un océan de silence. »

Longtemps, après la mort de Jeanvrot en 1970, la Ville de Bordeaux put faire l'acquisition de la collection d'Henry Bauquier, ensemble moins abondant que celui de Jeanvrot mais qui a le mérite d'être plus complet

---

10 Le comte René Monti de Rézé dont Mme Davilliers était la fille, fut un des derniers compagnons du comte de Chambord à Frohsdorf : *Souvenirs sur le Comte de Chambord*, Paris, Émile-Paul Frères, 1930.

11 Entre autres : Henry Bauquier et Gaston Cavalier, *Histoire numismatique du Comte de Chambord*, Paris, Champion, 3 vol., 1911, 1929, 1941 ; Henry Bauquier, *Histoire iconographique du comte de Chambord*, Paris, Champion, 1942 ; Henry Bauquier, *Album numismatique et souvenirs iconographiques de S.A.R. Marie-Caroline de Sicile, duchesse de Berry*, Paris, Champion, 1951.

et moins partial ou plus raisonnable. À côté des images de propagande légitimiste, obsessionnellement acquises par Jeanvrot qui ne pouvait en voir passer une sans immédiatement la convoiter, Bauquier en véritable historien avait eu le mérite, en dépit d'un légitimisme avéré, de faire aussi l'acquisition de caricatures, de portraits à charge, mettant en doute, par exemple la naissance du duc de Bordeaux…, documents plus rares mais, au même titre que les organes de propagande, révélateurs des contradictions inhérentes à toute époque.

La réunion de ces deux collections, issues de deux sensibilités différentes, a donc fait du musée des Arts décoratifs de Bordeaux le lieu même de la découverte des souverains et princes de la Restauration, souvent mal perçus et estompés par les souvenirs si forts et toujours présents dans les mentalités de la Révolution, du Consulat et de l'Empire. Et c'est aussi le lieu du souvenir d'un rare collectionneur, ce « Monsieur de la Fleur de Lys », tout à la fois exceptionnel et hors du temps.

# Conclusion

## La fidélité, un marqueur politique contre-révolutionnaire ?

Paul Chopelin et Bruno Dumons

À travers un long XIXe siècle, les études réunies ici ont apporté plusieurs éclairages nationaux, voire transnationaux, sur les différents modes de transmission, culturels et sociaux, d'une « fidélité en politique ». Parce qu'elle est avant tout un héritage, cette fidélité est défendue et illustrée à travers l'histoire, pour conforter l'engagement des nouvelles générations contre-révolutionnaires[1]. Elle est érigée en vertu politique supérieure, reflétant la constance et la loyauté à un idéal dans un monde en perpétuels soubresauts. Expression temporelle de la fidélité religieuse, dans le cadre d'une lecture providentialiste de l'histoire, elle apparaît comme une forme de refus de la sécularisation du politique. En mettant en avant les principes de liberté et de d'égalité, en défendant la primauté de la loi civile et la pratique du scrutin électoral, les révolutions des XVIIIe-XIX[e] siècles ont réduit la fidélité au rang de vertu privée, alors qu'elle était l'un des principes fondamentaux de l'organisation des sociétés occidentales dites d'Ancien Régime. Distincte du clientélisme, elle reflétait une relation sociale asymétrique que l'historien Yves Durand présente « comme un lien très fort entre deux individus pouvant aller jusqu'au dévouement absolu, jusqu'à la mort du fidèle pour son maître, de la créature pour son protecteur, du fidèle pour son patron ». Ce lien est constitutif de la société d'ordres traditionnelle, fortement hiérarchisée :

> Il semble que les phénomènes de fidélités aient été particulièrement caractéristiques des sociétés d'ordres, des sociétés de dignités qui ont fleuri à l'époque moderne, c'est-à-dire des sociétés organiques de corps et de

---

[1] Sur la notion d'héritage politique : Ludivine Bantigny, « L'héritage en partage », dans *id.* et Arnaud Baubérot (dir.), *Hériter en politique. Filiations, générations et transmissions politiques (Allemagne, France et Italie, XIXe-XXI[e] siècle)*, Paris, PUF, coll. Le nœud gordien, 2011, p. 1-19.

compagnies très différentes des sociétés de masses actuelles. Ces sociétés anciennes conservaient encore des systèmes familiaux lignagers qui étayaient bien mieux les clientèles et les fidélités que la nouvelle structure familiale composée de familles-noyaux.[2]

Jean-Pierre Dedieu a plus récemment insisté sur la dimension affective du lien de fidélité, qui « comporte un fort aspect émotionnel », reflétant la subordination morale d'un acteur à l'égard d'un supérieur[3]. On peut ainsi définir la fidélité comme une politique de l'émotion, là où le clientélisme ne serait qu'une politique de l'intérêt rationnel. Autrement dit, la fidélité relève directement de ce que l'on pourrait qualifier, à la suite de Charles Péguy, de mystique de la politique.

Si la fidélité figure parmi les principales vertus féodales et si les contre-révolutionnaires ont pour vocation de défendre l'ordre traditionnel mis en péril par la révolution, est-ce à dire que, pour la période contemporaine post-révolutionnaire, la fidélité politique serait devenue le propre de la Contre-Révolution ? En réalité, les régimes révolutionnaires ou issus des révolutions de la fin du XVIII^e^ siècle inventent une nouvelle forme de fidélité, fondée sur le serment d'obéissance à la loi. Mais il s'agit d'une fidélité rationnelle, reposant sur la libre adhésion à un ordre politique juste, issu de la volonté populaire, même si l'aspect émotionnel n'est pas totalement évacué, notamment lors des cérémonies de prestations de serment. Les guerres civiles qui opposent révolutionnaires et contre-révolutionnaires dans l'Europe de la fin du XVIII^e^ siècle et du premier XIX^e^ siècle sont aussi des guerres de fidélité. Il existe également des formes de fidélité hybride, comme lorsqu'en 1808 Napoléon I^er^ astreint la noblesse d'Empire à un serment de fidélité à sa personne. Le bonapartisme construit sa propre culture politique de la fidélité, expression d'une loyauté à une dynastie et au souvenir d'une gloire militaire collective[4].

---

2 Yves Durand, « Introduction », dans *id.* (dir.), *Clientèles et fidélités à l'époque moderne. Hommage à Roland Mousnier*, Paris, Presses universitaires de France, 1981, p. 5. Dans sa contribution à ce volume d'hommage, Yves-Marie Bercé insiste quant à lui sur l'absence de définition juridique et institutionnelle de la fidélité, qui ressort avant tout de la pratique informelle (p. 125).

3 Jean-Pierre Dedieu, « Fidélité et politique », *Mélange de la Casa de Velásquez*, n° 34-2, 2004, p. 207-218. Voir également, du même auteur, « Fidelitas », *Mélanges de l'École française de Rome. Italie et Méditerranée*, n° 118-2, 2006, p. 203-204.

4 Natalie Petiteau, *Élites et mobilités : la noblesse d'Empire au XIX^e^ siècle (1808-1914)*, Paris, La Boutique de l'Histoire, 1997 ; Francesco Buscemi, *« Io giuro ». Storia della fedeltà politica dei Lumi a Napoleone*, thèse de doctorat en histoire, École normale supérieure de Pise-Paris I (dir. D. Menozzi et P. Serna), 2016.

Les contre-révolutionnaires suivent une autre voie. Davantage que l'expression d'une volonté de perpétuer l'Ancien Régime, les études rassemblées ici nous invitent plutôt à considérer cette fidélité comme un idéal construit en réaction à la versatilité politique des « girouettes », accusées de se rallier au premier régime venu pour préserver leurs intérêts personnels[5]. Au nom de la tradition, la Contre-Révolution utilise la fidélité pour se positionner dans le nouvel espace politique hérité des révolutions et proposer une alternative civilisationnelle fondée sur une vision chrétienne et providentialiste de l'histoire. Logiquement, l'Action Française, qui s'intègre pleinement dans le système politique républicain pour mieux le subvertir de l'intérieur, n'a plus besoin de la notion de fidélité politique, si ce n'est pour créer des normes internes en référence à l'enseignement de Maurras. Inversement, c'est au nom du principe de fidélité que des monarchistes rejettent la modernité politique incarnée par une Action Française à qui l'on reproche de diviser le corps social, ce qui serait le propre des révolutionnaires, plutôt que de le rassembler. Ainsi, en 1910, le comte Rémy de Lacroix-Laval, un légitimiste hostile à l'Action Française, publie les souvenirs de son grand-père, Jean de Lacroix-Laval, maire de Lyon sous la Restauration, afin d'édifier ses proches mais également ses compatriotes lyonnais : l'action du maire illustre la fidélité au programme politique de concorde civile promu par les Bourbons, d'Henri IV à Louis XVIII, auquel les hommes d'honneur doivent rester attachés, quelles que soient les circonstances politiques[6].

Parce qu'elle est fondamentalement destinée à surmonter des épreuves, la fidélité ne s'exprime jamais mieux qu'en situation de crise : elle permet de se rassurer et de se fixer une ligne de conduite quand la cause politique que l'on défend paraît désespérée. En France, la disparition du dernier héritier de la branche des Bourbons en 1883 a conduit ses partisans à réactiver la dimension quasi-religieuse du terme « fidélité » jusqu'à considérer la famille légitimiste comme le « parti de la fidélité ». Les Russes blancs en exil agissent de même, en structurant leur imaginaire politique autour de la fidélité au Tsar et à la Russie chrétienne. À l'inverse,

---

5 Sur l'importance du moment révolutionnaire dans l'émergence du « centre » et celle des techniciens de la politique attachés à la persistance de l'État au-delà des changements de régimes, voir le livre fondamental de Pierre Serna, *La République des girouettes. 1789-1815 et au-delà, une anomalie politique : la France de l'extrême centre*, Seyssel, Champ Vallon, 2005.

6 Rémy de Lacroix-Laval (dir.), *Un fonctionnaire d'autrefois. Jean de Lacroix-Laval (1815-1830). Souvenirs*, Lyon, Rey, 1910.

dans les années 1890, des légitimistes français désabusés se rallient à la république et opèrent un transfert de fidélité, qu'ils peuvent justifier dans des chroniques familiales en établissant une continuité entre le service du roi et le service de la république, au nom de l'impératif contre-révolutionnaire. Ici, la fidélité à la tradition catholique justifie l'adhésion à un régime dont la stabilité, fruit de la volonté divine, constitue le meilleur rempart contre l'agitation révolutionnaire. Ce ralliement n'est pas justifié par des intérêts personnels – c'est le propre des opportunistes – mais par l'intérêt supérieur de la religion. C'est ce qu'explique Henri de Gaulle, le père du général, dans une généalogie familiale insistant sur la fidélité première de la famille à la religion chrétienne, qui oblige à servir le roi puis la république, pour mieux rejeter la révolution, présentée comme une œuvre « satanique dans son essence » :

> L'étude de l'histoire mettait continuellement sous les yeux de mon père [Julien de Gaulle] l'action de l'Église au Moyen Âge, les admirables exemples donnés par nos saints, par nos évêques, par les religieux français, par nos grands hommes qui, malgré certaines faiblesses, ont été presque tous profondément attachés à la foi catholique. En outre, mon père avait en horreur la Révolution et, non seulement ses excès, mais ses principes, son origine et ses résultats.[7]

La comtesse de Montalembert ne dit pas autre chose dans la généalogie historique qu'elle rédige pour l'usage de son fils Geoffroy en 1908, lui recommandant de rester « ardemment fidèle » aux exemples de ses dévoués aïeux[8].

Dès lors, la notion de fidélité, dégagée ou non de son héritage contre-révolutionnaire, peut intégrer la culture politique républicaine[9]. Elle se mêle à la fidélité bonapartiste, la fidélité au chef, comme lorsqu'en juillet

7 « La généalogie de la famille de Gaulle établie par M. Henri de Gaulle, père du général », reproduite dans Jean Raymond Tournoux, *Jamais dit*, Paris, Plon, 1971, p. 383-402.

8 David Bellamy, « Geoffroy de Montalembert (1898-1993) ou le réinvestissement politique d'un héritage aristocratique », dans Ludivine Bantigny et Arnaud Baubérot (dir.), *Hériter en politique*, *op. cit.*, p. 303-314 (ici p. 305).

9 Sur la persistance de notions contre-révolutionnaires, comme la fidélité, dans la culture politique en France au XXe siècle, voir les pistes suggérées par Gérard Gaudin, *Le royalisme dans les Bouches-du-Rhône de 1876 à 1927. De la fidélité à l'idéologie*, thèse de doctorat en histoire, Université d'Aix-Marseille, 1978 ; Jean-Paul Thomas, *Droite et rassemblement du PSF au RPF (1936-1953). Hommes, réseaux, cultures : rupture et continuité d'une histoire politique*, thèse de doctorat en sciences politiques (dir. Serge Berstein), IEP Paris, 2002 ; Philippe Secondy, *La persistance du Midi blanc. L'Hérault (1789-1962)*, Perpignan, Presses universitaires de Perpignan, 2006 ;

1941, le gouvernement de Vichy oblige les fonctionnaires à prêter un serment de fidélité au maréchal Pétain. Lors du congrès fondateur du Mouvement Républicain Populaire (MRP) en 1944, le quotidien *L'Aube* n'hésite pas à qualifier le nouveau MRP de « parti de la fidélité » : fidélité au général de Gaulle, fidélité au programme du Conseil National de la Résistance (CNR). Le même principe anime les fondateurs de l'UNR en 1958[10]. Après la mort du général de Gaulle, nombreux sont ses anciens partisans à mettre en exergue une « fidélité gaulliste » qu'ils opposent aux supposés dévoiements de « pseudo-gaullistes », tandis qu'une association « Présence Fidélité Gaulliste » assure la promotion du souvenir de l'ancien chef de la France Libre[11]. La « fidélité en politique » devient un idéal à suivre pour l'ensemble de la classe politique et même une déclaration d'intention incontournable pour celui ou celle qui « veut faire de la politique ». Faut-il y voir ici une filiation avec les valeurs proclamées par les contre-révolutionnaires du XIX^e^ siècle ? L'étude des origines familiales et de l'environnement culturel de jeunesse d'un certain nombre d'acteurs politiques du XX^e^ siècle permettrait de mieux comprendre comment ses héritages ont été transmis et adaptés. Il ne faut pas non plus oublier que, depuis l'époque moderne, la fidélité est aussi une vertu militaire, mise en avant dans des devises ou des chants, qui illustrent le sens de devoir du soldat à l'égard de son prince, de sa nation et/ou de son corps d'appartenance. Cette fidélité militaire a pu être associée à la fidélité politique pour redéfinir le champ de l'action contre-révolutionnaire face au communisme, comme ce fut le cas pendant les années 1950-1960, dans le contexte de la guerre froide et des conflits de la décolonisation[12]. Puisant à de multiples sources, l'usage du terme « fidélité » en politique semblerait donc beaucoup plus complexe qu'il n'y paraît. Sa compréhension mériterait l'ouverture d'un nouveau chantier historiographique que ce livre s'est juste proposé d'esquisser.

---

Jean-Paul Thomas et Serge Berstein (dir.), *Le PSF, un parti de masse à droite (1936-1940)*, Paris, CNRS, 2016.

10 Annie Collovald, « Une politique de la fidélité. La construction du groupe parlementaire UNR (1958-1962) », *Politix*, vol. 3, n° 10-11, 1990, p. 53-69.

11 Pour exemples, Jacques Massu, *Baden 68 : souvenirs d'une fidélité gaulliste*, Paris, Plon, 1973 ; Jean Méo, *Une fidélité gaulliste à l'épreuve du pouvoir, de De Gaulle à Chirac*, Panazol, Lavauzelle, 2008. Le cas de Jacques Vendroux, député du Pas-de-Calais et beau-frère du général de Gaulle, est exemplaire : Jérôme Pozzi, « Le gaullisme de Jacques Vendroux : entre fidélité et intransigeance », *Revue du Nord*, n° 194, 2012, p. 171-184.

12 Raoul Girardet, « Pouvoir civil et pouvoir militaire dans la France contemporaine », *Revue française de science politique*, vol. 10, 1960, p. 5-58.

# Liste des Auteurs

Nicolas Bourguinat, professeur d'histoire contemporaine à l'Université de Strasbourg, EA 3400 ARCHE

Claude-Isabelle Brelot, professeur émérite d'histoire contemporaine à l'Université Lumière Lyon II.

Paul Chopelin, maître de conférences en histoire moderne à l'Université Jean Moulin Lyon III, UMR 5190 LARHRA

Olivier Dard, professeur d'histoire contemporaine à Paris-Sorbonne Université, UMR 8138 SIRICE

Bruno Dumons, directeur de recherches CNRS, UMR 5190 LARHRA

Alexandre Dupont, maître de conférences en histoire contemporaine à l'Université de Strasbourg, EA 3400 ARCHE

Jean-Jacques Lucas, docteur en histoire, chercheur associé EA 4270 CRIHAM, Université de Poitiers

Jacqueline du Pasquier, conservateur en chef honoraire du Musée des Arts Décoratifs de Bordeaux

Simon Sarlin, maître de conférences en histoire contemporaine à l'Université Paris Nanterre

## Titres parus dans la collection

Vol. 7 – Bruno Dumons et Paul Chopelin (dir.), *Transmettre une fidélité. Les usages historiques de la Contre-Révolution (France, Espagne, Italie - XIX$^{e}$-XX$^{e}$ siècles)*, 2019.

Vol. 6 – Bernard Michon et Nicole Dufournaud (dir.), *Femmes et négoce dans les ports européens. Fin du Moyen Âge - XIX e siècle*, 2018.

Vol. 5 – Thierry Laugee et Carole Rabiller (dir.), *Critique d'art et nationalisme. Regards français sur l'art européen au XIX e siècle*, 2017.

Vol. 4 – Olga Medvedkova (dir.), *Les Européens : ces architectes qui ont bâti l'Europe*, 2017.

Vol. 3 – Olivier Dard, Didier Musiedlak et Eric Anceau (dir.), *Être nationaliste à l'ère des masses en Europe (1900-1920)*, 2017.

Vol. 2 – Marie Bouhaik-Girones, Tatiana Debbagi Baranova et Nathalie Szczech (dir.), *Usages et stratégies polémiques en Europe. (xiv e–premier xvii e siècles)*, 2016.

Vol. 1 – Corinne Doria et Gerard Raulet (dir.), *L'espace public européen en question. Histoire et méthodologie / Questioning the European Public Sphere. An historical and methodological approach*, 2016.